うちの子になりなよ

ある漫画家の里親入門

古泉智浩

イースト・プレス

＊おことわり＊

里親には守秘義務があります。子どもの出自や顔などを公表してはならないという規定があります。しかし、テレビのドキュメンタリーなどで顔や名前を出している場合もあります。地域によって規定が異なるようです。

僕の住んでいる地域では赤ちゃんのプライバシーを公表してはならないことになっていますので、最大限プライバシーに配慮しました。表記にはフィクションが含まれています。

どうぞご了承ください。

もくじ

里親日記

里親入門

里親研修・調査を終えたある日、
ピロロロロ
ピロロロ
一本の電話がありました。
児童相談所からでした。
男の子の赤ちゃんを預かっていただけませんか？
え？赤ちゃんですか!!
ちょっと考えさせてください
どうしようう赤ちゃんだって
赤ちゃん!?えー――
赤ちゃんを預かるなんて夢のまた夢と思っていたので、うろたえました。
すみませんぜひ預からせてください
つつしんでお受けいたします
翌日即連絡した。
ペコペコ
ただ戸惑っただけで
断るという選択肢はありませんでした。
ブーー
赤ちゃんは産まれてからずっと病院のNICUにいました。
ご両親が都合で引き取りに来なくなっていました。
ピカー
ゴーー
なんだこの天気

婦長さんとお医者さんの説明を聞いた後、
割烹着のようなエプロンを着て、
ひじまで入念な手洗いをして、
じゃーー
ごしごしごしごし
赤ちゃんの部屋に入りました。
いま起きたとこですよ

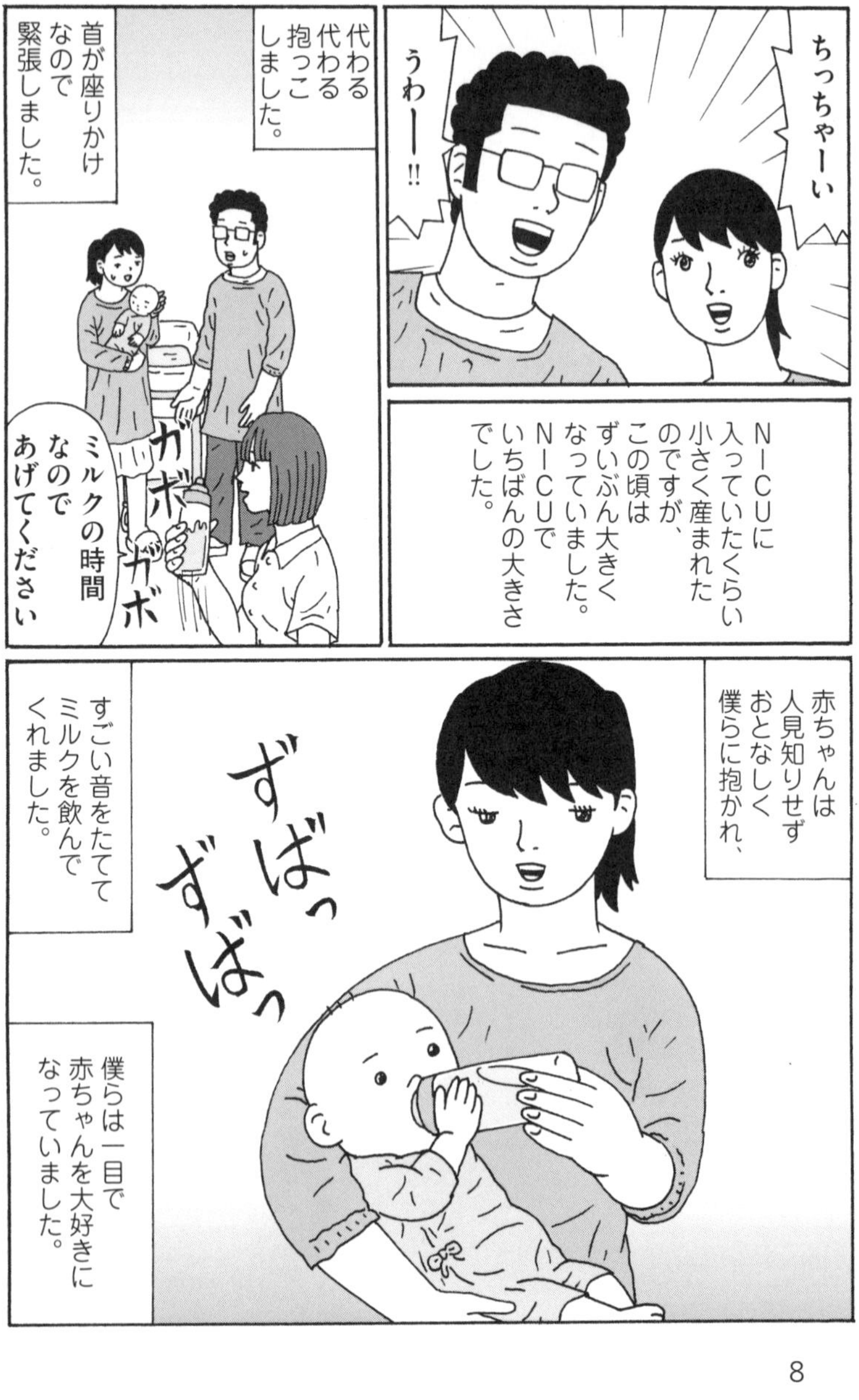
ちっちゃーい
うわーー!!
NICUに入っていたくらい小さく産まれたのですが、この頃はずいぶん大きくなっていました。NICUでいちばんの大きさでした。
代わる代わる抱っこしました。
首が座りかけなので緊張しました。
ガボガボガボ
ミルクの時間なのであげてください
赤ちゃんは人見知りせずおとなしく僕らに抱かれ、
ずばっずばっ
すごい音をたててミルクを飲んでくれました。
僕らは一目で赤ちゃんを大好きになっていました。

ミルクを最後まで飲み切らず眠ってしまいました。
すー すー
小さい手で握るのも不器用でした。
沐浴、おむつ交換、哺乳瓶の消毒、つめきり、うんちが出ないときの刺激法などを習いました。
便秘のとき綿棒で肛門をぐりぐりすると
ブーー
うんちレーザー
うわっ
必要なものリストをいただいて、
帰り道に買いそろえました。
ミルク
ミルク
ミルトン
GOON
おしりふき
翌日、早速買った服を着させてみると、
担当の看護師さんが泣き出しました。
ほかの赤ちゃんはいろんなかわいい服を着ているのに、この子はずっと病院着だけで……
それを見て妻も泣きました。

病院に1週間通って子育ての研修を受けました。普通は10か月かけて親になる準備をします。

退院の当日、病院の駐車場でチャイルドシートの取りつけに手こずっていると、
シートベルトをこっちに通して…

病室から見られていました。

担当の看護師さんがお休みだったのに見送りのために出勤してくださっていました。

うちの主人が得意なので呼びましょうか？

いえ……

チャイルドシートをなんとか取りつけてNICUにあいさつに行きました。

どうもありがとうございました
○○ちゃん行くって
ちょっとまって―
えっもう
ガタッ
バタバタ
○○ちゃん退院するよー

なんとNICUの皆さんが総出で見送ってくださいました。
バイバイ
元気でね
○○ちゃんバイバイ
またね
もう一回抱っこしてください
帰り道は暖かな陽射しがさしていました。
サン
サン

里親日記

赤ちゃんがうちに来た日

＊5か月①

なんと、本日よりうちでは男の赤ちゃんと、ある事情で家族として生活することになりました。先週はずっと病院に通っていて、そこでおむつの交換やお風呂、ミルクの練習をして、今日退院でした。今日は僕がお風呂に入れて、聞いたことがないくらい泣かせてしまいました。洗っている最中は大声で泣き通しだったのが、湯船に入るとケロッとしていました。彼のおちんちんはとても立派です。

もったいつけた書き方をしましたが、里親制度です。今年の5月から研修を受けていて、まだ正式な認定状をいただいていないのですが、赤ちゃんの都合で先に預かることになりました。守秘義務があって、どこからどこまであからさまにしていいのかわかりません。うっかり踏み外して資格を没収されたらと思うと恐ろしくて仕方がありません。実親ならしつけで叩くことがあっても、里親がそれをやると即、虐待とみなされます。ただ福祉はとても手厚くて、何から何まで面倒見てくれます。

お腹を空かせて泣いている時に哺乳瓶をすぐにくわえさせず、「ほら、ごらん」と目の前にかざしていると、それを見つけた途端、目の色が一瞬で変わって手足をばたつかせるのがとても楽しいですよ。

赤ちゃんマッサージ

＊5か月②

　赤ちゃんが来て2週間くらい経とうとしている。エネルギーが有り余っているようでギャンギャン泣く。まだ立つことはおろか這い回ることもできないので、エネルギーのやり場がないようだ。抱っこしていると体をビーンとのけ反らせる。体を支えてあげると懸命に足を踏ん張って一生懸命立とうとする。体がしっかりしたら、すぐにでも走り出しそうな勢いだ。

　母が、赤ちゃんを寝かせて体を撫でさすって、上から下に伸ばすようなオリジナルのマッサージをしていて、それが随分気持ちよさそうだった。「伸びろー」と声をかけながらやっている。寝ていて泣くと抱っこしてあげないと収まらないのだが、それをしていると寝たままでも泣かない。

　それを参考に赤ちゃんの筋トレをさせてみた。足の屈伸をさせていると、そのうち赤ちゃんが足に力を入れて僕の手を押し返すようになる。ちょっと踏ん張ると押し返せるような力で何度も押させせる。だんだん「ううう〜ん」と踏ん張るような力のこもった声を出す。

どんどん足の力が強くなっているような感じがした。腕もやることにして、ベンチプレスの形で腕を上げ下ろしさせてみたが、そっちはあんまり気合いが入らないようですぐに嫌がった。母のマッサージと足の運動のせいか、疲れて睡眠が深くなったような感じがした。まだ歩けないとは思えないほど太くて立派で力強い足にしてあげたい。

とにかく彼は立ちたくて仕方がないのだ。立って歩き回りたがっているに違いない。体を支えて机に立たせると、とても誇らしげに笑う。

赤ちゃんが仰向けに寝ているといつの間にかうつぶせになっていたことが2回あった。どうやら寝返りをしているようなのだが、まだその現場を誰も見ていない。

足の運動

＊6か月①

赤ちゃんに毎日足の運動をしていたら、日に日に足が強くなって、体を支える手の力をそれほど入れなくてもしっかり立っているようになった。昨日から足の屈伸みたいな動きをしたり、体を前に傾けると足を突き出して支えるようになった。しかしまだ腰の力や腹筋がないようで、支える手の力を抜くと、ぐにゃぐにゃと崩れ落ちて、顔から突っ伏すように倒れこむ。寝返りはあれから全然しなくなってしまった。

前は片手ずつしか動かせなかったのが、両手を同時に動かすことができるようになった。グーをすると、人差し指と中指の間から親指の先端を出す、気まずい形になり周囲を困惑させていたのだが、あまりそれもしなくなってきた。ミルクの時に、僕があごの下にティッシュペーパーを挟んでいるのを手でつかんで両手で引き千切ったのは驚いた。投獄されたシュワルツェネッガーが手錠を怪力で引き千切る場面のようだった（そんな映画があったような気がするだけ）。妻が膝に乗せて夕食をとっていたら、味噌汁のお椀の縁に手をかけたので慌てて取り上げた。だんだん油断できなくなってきた。哺乳瓶を触りたいようで、哺乳瓶に手を伸ばすのだが力の加減ができないので自分で口からずらしてしまって、自分でずらしているくせに、「飲めない」と怒る。未完成すぎるだろ、と思う。

妻に「あなたは汚い仕事をさけている」と罵られ、頭に来て積極的にうんちの片付けをするようにした。量が多い時は両足をぐいっとつかんで持ち上げて腰辺りまでついているうんちを拭き取らないといけないので、やっぱりふたり掛かりのほうが安心だ。うっかり手が外れると、かかとがうんちの池に突っ込まれて、うんちのついたかかとが振り回されてとんでもなく汚染範囲が拡大してしまう。失敗した時は裸にしてお風呂でたらいに入れて洗う。この前、そのたらいで洗っている最中におしっこをした。

選挙のCMで安倍晋三が出ていて、それが流れる度に食い入るように見ていた。ニュースで金正恩とビートたけしはしっかり見ていた。赤ちゃんにも伝わる大物のオーラがあるのだろうか。

妻が出かけていて赤ちゃんが寝ている時に『ホビット 思いがけない冒険』の

DVDを観ていたら起きて、1時間経過したくらいの、ビルボたちがトロルに襲われて逃げる辺りから1時間かなりしっかり一緒に観ていた。吹替えで観ていて、それは関係ないだろうけど、大人でも登場人物が多くて設定を把握するのが面倒な映画なのに、絵面が面白いのかな、赤ちゃんでも楽しめるのかもしれない。彼がはじめて観た映画は『ホビット 思いがけない冒険』ということで大きくなったら教えてあげられる。

　2歳になったら『クレヨンしんちゃん』などを一緒に映画館に観に行けるかな。楽しみだ。

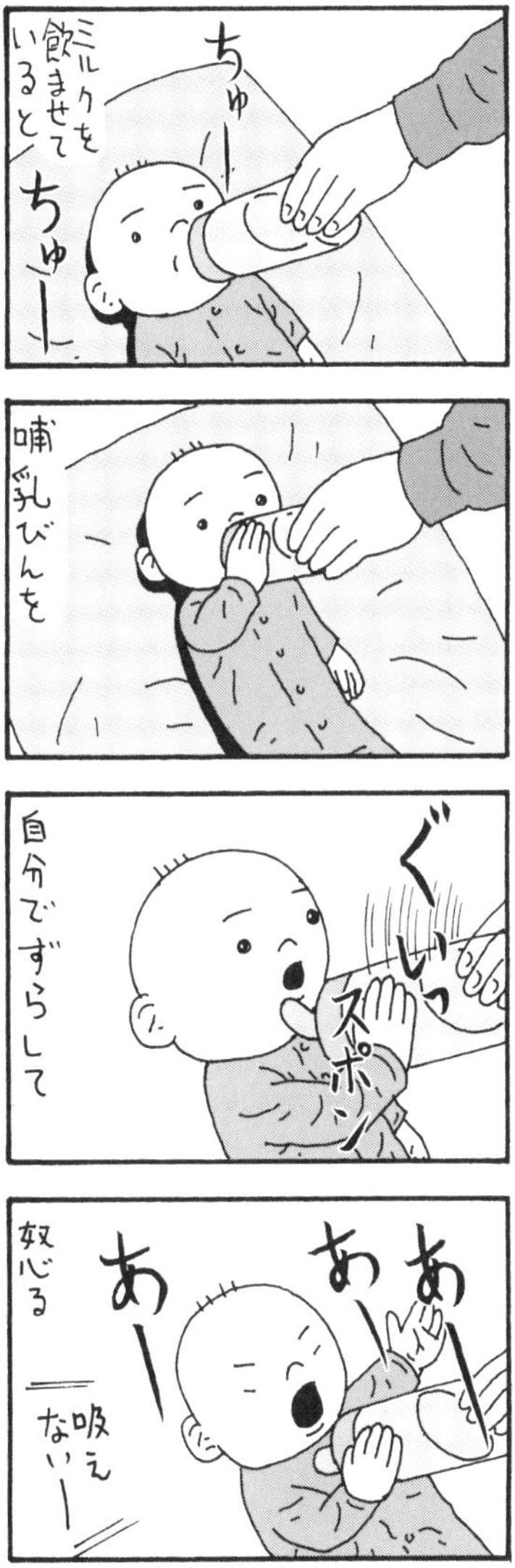

指しゃぶりが仕事

＊6か月②

こらえ性のかけらもなく他者への配慮も一切なく、純度100%でわがままで気分が悪ければ泣けばいいと思っている。赤ちゃんとはそういうものだ。そんな存在に正面から向き合って、面倒を最前線で見ているのが妻なのでまったく申し訳ないと思う。自分のペースで眠ることすら妨げられる大変な仕事だ。それと同時に、僕の仕事が遊びの延長であるだけでなく、結局のところ家族を養っていないこともあって後ろめたくて仕方がない。妻がやっていることこそが仕事で、僕の仕事が、これまで仕事だと自らを欺《あざむ》いていたことが、遊びや趣味、遊び半分の仕事であることが判明してしまった。お金を稼いでいろいろな支払いや妻の小遣いに当てているとはいえ、うちは母が食費を出し、家賃も実家だからタダ。固定資産税は払っているけど大した額じゃない。そのうえ里子は行政から養育費がもらえて、医療費もタダなので僕はますます道楽で人生を費やして子どもの面倒に背中を向けていることになってしまう。

それは今にはじまったことではなくて、妻がハロヲタ活動を熱心にやってくれていたお陰で、僕の遊びの延長にある仕事みたいな、人様が娯楽や趣味でやっているのと同じ作業に後ろめたさを感じずに済んでいたのだ。「映画秘宝」で時々コラムを書かせていただけるので映画を観るのも仕事のうちだと思っていたのだが、どう考えてもそんなのは娯楽に決まっている。これまで人生でお金に困ったことは一度もないのだが、それというのもあまりお金を使わないだけで、余裕があるわけではない。

池袋でやっているマンガ教室が交通費で赤字だが、やってないと余計に繁盛しなくなることがわかっているから続けている。もちろんやり甲斐もあるのだが赤字はまずい。ほぼ道楽だ。

稼ぎで家族を養っておらず、そういうわけで「赤ちゃんの世話ほど重要な仕事がこの世にあるのか！」とすら思う。

さて、赤ちゃんは大人が食事をしているのを見るとよだれを垂らすようになってきて、そうするとそろそろ離乳食を試してみる時期だそうだ。何よりも重要な仕事は指をしゃぶることだと言わんばかりに一心不乱に指をしゃぶっている。指の根元まで喉の奥に突っ込んでいるのかと思ったら拳を握って舐めていた。ミルクを飲むときも指をしゃぶりたがり、乳首と一緒に指をくわえるため、上手に乳首が吸えず怒り、しまいには泣き出してしまう。バカである。好きにさせてあげたいのだけど、結局怒ったり泣いたりするので、両手を羽交い絞めのように手と脇で押さえて乳首を吸わせる。それはそれで不満気なのだが、だんだんミルクに夢中になって羽交い絞めされているのがわからなくなる。

連日の足の運動で、足はすごく力強くなっている。しかし体幹がグニャグニャなので、脇を支えて立たせても支える力を抜くとグニャグニャと崩れ落ちて、あぐらの状態で突っ伏してしまう。体幹のトレーニングはどうしたらいいのかな。

あぐらの状態に座らせて、体の支えを外すと、両手でふんばって「う〜〜〜ん」と自力で体を支えるのだが、そのうち力尽きて突っ伏してしまう。

自力で立つことはおろか座っていることすらできないのはさぞ面白くないだろう。できることは手足をばたつかせたり、泣いたり呻《わめ》いたりするだけだ。立つことも座ることもできないのに、寝てばかりいるのも嫌なようで「抱け抱け」と言って泣く。未完成にもほどがある。早く歩き回って世界を自分のものにしてほしい。

妻や母がお風呂に入れると泣かなくて、僕が入れると大泣きすることが続いていたのだけど、とうとう僕が入れても泣かなくなった。赤ちゃんが成長したというよりも、僕が上手になったようだ。まだまだ幼い時に下手で悪いことをした。

漫画は一応仕事と認められて、税金も納めているのだが、これまでヒットもなければ、好きに描かせてもらっているだけでつらい思いをしたことがない。ほぼ締切に追われたこともない。考えてみると、人生で苦労という苦労を味わったことがないのです。こんなフニャフニャな男が子どもなんか育てられるのか、非常に疑問です。

体重500グラム増

＊6か月③

今週は日曜日から4泊5日で上京していた。赤ちゃんが来てからこんなに日数が空いてしまうのははじめてで、4日ぶりに会った赤ちゃんがでかくなっていて驚いた。その間に健診があって、わが家に来た時より身長が4センチ、体重が500グラム増えていた。10％増である。最近、重くなったと感じていたのはそのせいだった。毎日毎日たくましく成長している。

床にひとりで座らせると、両手を床について唸り声をあげて踏ん張っていたのが、両手をついて楽々と座れるようになっていた。床に腹ばいで寝かせると、頑張って背中を反らせていたのが、両ひじをあごの下について、楽々と腹ばいになっている。足はバタバタするだけで、這い回ることはできないのだが、それも時間の問題のようだ。

手で脇を支えて立たせていたのも、今では両手を持って立たせることができるようになった。足はますますしっかりしていて、このほうが腕の運動にもなってよさそうだ。

　そしてとうとう、昨日から離乳食をはじめた。重湯を一口だけ飲ませるとのことで、妻は張り切って、食事は座ってする習慣を身につけさせると言ってバンボに座らせて、すぐにミルクも飲ませないといけないのでミルクの用意をして、さらに最初の場面を記録しようとスマホを構えた。その間、妻なりに急いでいたのだが、1秒でも早くミルクを飲みたい赤ちゃんはずっと泣いていた。赤ちゃんは離乳食のスプーンを嫌がって顔をひねるのだが、無理矢理口に突っ込まれて吐いた。

　普段、寝たままミルクを飲んでいて、スマホが何より嫌いで、お腹が空いて泣いているのに待たされてそんな一度に全部しようなんて無理に決まっていたのだった。妻も反省して「悪かったね〜」と言って抱いてミルクを飲ませた。その後、家族で食事していると赤ちゃんがよだれを垂らしたので、「今だ！」と思って重湯のスプーンを咥《くわ》えさせたら飲んだ。

　今日は重湯を二口飲ませた。母が飲ませると、一口目、赤ちゃんは困ったような皺《しわ》を寄せた顔になったが飲んだ。二口目は口に含んだけど吐き出した。

　離乳食は、一日目は一口、二日目に二口、三日目には三口で、欲しがってもそれ以上は与えてはいけないとのことだ。今日は二口目は吐き出して、その後みんなでリンゴを食べていたら、またよだれを垂らしていたので、リンゴを擦《す》って果汁を飲ませてみたら飲んだ。重湯より嫌そうではなかったのでつい二口あげてしまった。二日目なのに三口あげてしまった。心配だ。

母が青りんごの切り身を赤ちゃんにしゃぶらせていたら、気に入ったようで、ずっとペロペロ舐めていて、取り上げるともっともっとと欲しがった。

しゃぶっただけだったのだが、赤ちゃんがはじめて口にした果物は青りんごだ。赤ちゃんのうんちは離乳食をはじめると途端に人糞の臭さになってしまうという。今のミルクだけのうんちの匂いはなんとも癒される臭みで好きなので残念だ。うんちだけではなく、全体の乳臭さがすごくいい匂いで、体やおしりに顔を押し付けて匂いを嗅いでしまう。

これまでずっと何年も真っ暗な夜道を裸足で歩いているような感覚だったのが、赤ちゃんが来てくれてから光を浴びているような感じがする。まわりが真っ暗でも自分にだけスポットライトが当たっているような感じで、そんな感覚ははじめだけだと思っていたのだが、1か月以上経過してもなお弱まらず続いている。光の源は赤ちゃんで、今も僕をまばゆく照らしてくれている。3回しか会ったことのない娘は遠くに見える星のような存在だったのだが、うちにいる赤ちゃんは常にビカビカに、全身くまなく照らしてくれる。本当にアホみたいなんだけど、『つつみ込むように』というミーシャの歌が高らかにずっと鳴り響いているような気分です。

まっ暗な冷たい
夜道を
裸足で歩いて
いるような
気持ちでした
娘の存在は
ずっと遠くの
星のようで
キラ
キラ
それだけが
支えでした
うわっ
ピカー
今はうちの赤ちゃんが
まばゆく照らし
つづけてくれています
ピカー
うう一

お座り

＊6か月④

赤ちゃんが急に大きくなった。毎日少しずつ大きくなっていたのに気づかなかっただけなのだろうけど、2日くらいで急に大きくなったような気がする。ロンパースの足が急に膝丈になっていて、首がすっきりして顎が見えるようになっていた。後ろから見ると特に顕著で首がすらっと長くなっていた。それまでお肉で首がないも同然だったのに、あの大きな頭をこんな細い首で支えて大丈夫なのかと心配になる。そして首がすっきりした分、顔の輪郭が明確になって、案外四角い顔をしていた。凛々しい！

そして、ますます楽々とひとりでお座りができるようになり、楽々と立つようになった。床に手をついて座るのも上手になったのだが、ソファに寄りかからせてもひとりで座っていられるようになった。

椅子などに手をつかせても立っていられて、いわゆるつかまり立ち状態ではないかと思った。自力でつかまって立つのがつかまり立ちなので違うんだろうけど、かなり近づいてきている。座った状態で手をつかんで引っ張ると、そのまま立ち上がることができるし、立ったまま屈伸もできる。歩行器に乗せれば自力で移動できそうだ。

声が低くなった。急に低い声を出すと驚く。ちょっと弱った時に力なく「ふへへへ」と車のエンジンが切れる直前のような声を出すのが可愛くて好きだ。

ガラガラのおもちゃを持たせると激しく振って自分の顔にぶつける。最初はそれで

初めて買ったおもちゃ
トナカイのツノのついたガラガラ
ガラ
ガラ
ガン
ガン
ガン
何度も頭にぶつける
そういうおもちゃじゃねえよ

泣いた。だんだん泣かなくなって、ケロッとした顔でガンガンぶつけるので、怪我が心配で取り上げる。指をしゃぶる動作の要領で、なんでも顔に向けてしまうのだろう。激しく左右の指を交互にしゃぶっているのも驚いた。

『ランボー』1作目を漫画の資料で観ていて、ふと赤ちゃんを見ると画面を食い入るように見ていた。映画が好きなのかもしれない。スタローンが好きなのかもしれない。ニュースをじっと見ているなと思って画面を確認すると、錦織圭《にしこりけい》が映っていることがよくある。羽生結弦《はにゅうゆづる》もじっと見ていた。

寝かせたまま、妻が用事で席を外していたら泣きだしたので、抱っこしてあげようと近づいたところ、僕の顔を見た瞬間すごいニコニコして両手足をバタバタさせた。なんというかわいらしさ！　顔をわかってくれているのだろうか。妻が食事の支度で台所に立っている時に、赤ちゃんを立たせると、机の高さギリギリから妻を見つけてニコニコする。妻のことがいちばん好きなようで、いちばん甘えてわがままで泣く。

僕が仕事で昼夜逆転生活となり、離乳食の時間に立ち会えない。何口でも食べるようになっているそうだ。

低い声

＊7か月①

赤ちゃんが低い声を出せるようになって、不愉快な時の泣き声にドスが効いている。お風呂上がりに眠いのとお腹が空いたのが混ざっているようで、縦にしても横にしても「わあああああ」に濁点がついたような声を出して叫んでいた。表情も辛そうだった。東京で集合住宅で暮らしていたらこんな声を夜に出していたら、周囲への配慮で焦ると思うのだが、うちは隣が仕出し屋でしょっちゅう宴会をしているような環境のため、思い切り大きい声を出しても問題ない。僕も赤ちゃんが叫ぶ度に一緒に「わあああ」と大きい声を出してみた。するとキョトンとした顔をした後に、一緒に叫ぶ仲間ができたと思ったのか、にっこり笑って、また叫んだ。僕も一緒に叫ぶ。何度か叫んでいるうちに、深刻に泣き出してしまったため、ミルクを飲ませた。

赤ちゃんというものは、自分で立つことも起きることもできないため、体の向きが嫌だとすぐに泣くものだと思っていた。先日、児童相談所の職員さんが来てくれた時に話を聞いたら、7か月ともなると、ひとりで座って大人しくしていることも多いらしい。うちの赤ちゃんは、病院でもアピールが多いと言われており、よその子より甘えっ子なのかもしれない。妻が四六時中立って抱っこしていて、降ろすと怒って泣く。抱きながら座っても怒り、「抱け！　座るな！」という泣き声にドスが加わって怖いくらいだ。

寝返りもハイハイもズリハイもしないため、寝返りの練習をさせようと、長座布団の上を体重移動させるように手を引っ張ってゴロゴロさせていると泣き出した。いつもの甘える泣き方と違って深刻な痛みを訴えるような泣き方で、肩かひじをひねってしまったのかと心配になった。雑だったのかもしれない。ごめん。

赤ちゃんによっては、寝返りもハイハイもズリハイもせず立ったり歩いたりする子もいるとのことだ。床で僕の膝に座った状態から手を前に引っ張るとピョコっと立つ。手を腰の位置で持って、ほぼ自力で立つようになった。脇を抑えると、膝を曲げて、勢いよく立ち上がるというのを激しく何度もする。母がこの動作を「えっさえっさ」と呼んでよくやらせているのだが、妻はこの呼び方を「意味がわからない」と嫌がっている。勢いよく立ち上がる時に「えっさ！えっさ！」と声をかけると感じがいいので、僕はいいと思う。

寝返りすら全然しないので、早く歩けるようになって欲しいと思って、脇を持って立たせて前に引っ張って足の動作の練習をするのだが、両足をズルズルと引きずるだけだ。妻の調べによると、10か月くらいで脳にある歩く動作をするための部位が発達するそうだ。今、そんな練習をしても意味がないようであった。

児童相談所の職員さんが言うには「尋常じゃなく足が強い」とのことだった。うちの赤ちゃんしか知らないので、基準がよくわからない。とにかく寝返りもハイハイも

田舎の一軒家なので夜でも騒ぎ放題
ア゙ア゙ア
ア゙ア゙ア
力いっぱい叫びます
つきあって一緒に叫んでみると
ア゙アア゙ア゙ア゙ア
一瞬真顔になって
はっ
深刻に泣き出した
ア゙アア゙ア゙
ア゙ア゙ア゙ア
ごめんね

ズリハイもしないのだが、立つのは好きで、手や脇で支えているとずっと立っている。そのうち膝がガクガクしてくるのでゆっくりと寝かせる。そうすると身動きができずに泣く。

離乳食はこれまで重湯だけだったのだが、カボチャをすり潰したものも与えてみた。口に含むと、すごく微妙な顔をして、2口食べると、3口目は顔を背けてしまう。素の顔は全然そうじゃないんだけど、ニッコリ笑うと小堺一機に似ている。仕事の休憩や食事で顔を会わせると「抱っこ！　抱っこ！」と手足をばたつかせてニッコリ笑ってくれる。たまらん。

お腹が空いて泣いている時に、準備でモタモタしていると、それこそ涙を流して泣く。目を固く閉じて泣いているところ「これ何？」と哺乳瓶をかざすと、目を開けた途端、足を激しくバタバタさせて口をすぼめてチュパチュパする。

寝かしつけ問題

＊7か月②

赤ちゃんの寝かしつけ問題がうちに来て以来ずっとあって、夜中でも早ければ1時間ごとに目を覚ましてしまうことがあり、妻は四苦八苦していた。もう8か月になろうというのに新生児のような寝つきの悪さだ。病院で習ったミルクのあげ方が、きちんと胸に抱いて心音を聴かせるようなやり方で、赤ちゃんは落ち着いてミルクを飲みながら寝てしまうこともしばしばあった。ところが、ベッドに置いた途端泣き出してまた抱いてゆすって寝かす、深い眠りに落ちると呼吸のペースが遅くなり、体が脱力してずっしり重くなる。そろそろ大丈夫かなとベッドに置くと、でもまた起きる……まるで爆弾処理班のような繊細さが求められていた。妻がネットで調べたところによると、母乳の場合は赤ちゃんと添い寝をしながらおっぱいを吸わせているとそのまま寝てしまうので楽だとのこと。うちは100％粉ミルクだ。なぜなら産んでいないから母乳が出ない。だったら赤ちゃんをベッドに寝かしたまま哺乳瓶を咥えさせればいいいのではないかと思っていたところ、地域の保健師さんに、それでいいと言われた。

妻が睡眠不足でヘロヘロでこのまま倒れてしまっては大変だ。赤ちゃんが来て以来まともに4時間以上寝たことがないと言う。僕はしっかり寝て起きないと仕事ができないので勝手なペースで寝ているのだが、完全に昼夜逆転生活で、睡眠もショートだった。夜中、赤ちゃんがミルクで起きるタイミングで僕の部屋に預かることにした。

これまでも明け方に赤ちゃんが起きてしまった時は、部屋に連れて来て一緒にテレビを観たり、立たせたり、寝返りの練習をしたりしていた。テレビはオードリーの春日が出るとすごく観る。スーパーボウルも1時間くらい大人しく観ていた。釣り番組やUFCはそんなに観なかった。CGアニメはまだ観せていないので『LEGOムービー』を早く一緒に観たい。

ギャンギャン泣いている赤ちゃんをベッドで寝かせて、哺乳瓶を咥えさせると、勢いよく吸いはじめて、ほどなくして寝た。寝た赤ちゃんをベッドに置く作業がないのでそのまま深い眠りに落ちてくれた。

時々うねうねとした声や泣き声を出すとドキッとする。長ければ4時間くらいしっかり寝てくれるので仕事との両立が可能となった。ただ、部屋を暗くして手元の明かりだけなので、目が悪くなりそうだ。ラジオの音も大きくできない。

赤ちゃんは、指をしゃぶっていると落ち着いて眠るんだけど、眠ると手に力が入らなくなって、指が口から離れるとはっとなって慌てて指をしゃぶり直す。そのため深く眠れなくて、こっちも気が気でなかった。赤ちゃんが来た時に買って以来全然使っていなかったおしゃぶりを赤ちゃんに咥えさせると落ち着いて寝た。

朝5時半か6時くらいになると目を覚まして、ミルクをあげているとうんちをする。うんちをすると完全に目を覚ますので、仕事ができない。

7時半になると母が起きてくるので、8時くらいには母に預ける。うちの赤ちゃんは寝返りを全然しない。寝返りの練習をさせていたら、うつ伏せから仰向けにくるっと回ることが1回あったきりだ。保健師さんが試したら、この子は寝返りに全然興味がないとのことだった。そんなことがあるのだろうか？　その代わり、立つのがすごく好きで、手や両脇を支えて立たせると嬉しそうにいつまでも立っている。えっさ、えっさと小刻みにジャンプするのも好きだ。ところが、先日の予防接種と健診の時に先生に話したら、先生の表情が曇って、この月齢では立たせると股関節を悪くするからやめたほうがいいとのことだった。以前よりO脚になるという話は聞いていたけど、もし股関節が悪くなったら非常によくない。

しかしそうは言っても、赤ちゃんの時に無理矢理立たせられたせいで大人になっても股関節が悪いという話は聞いたことがない。僕がO脚で足が遅いのはもしかしたら赤ちゃんの時に歩行器で遊び過ぎたせいなのだろうか。抱いても高い高いしても縦にしても横にしても泣き止まない時がある。そんな時でも立たせると泣き止む。あんまり多用せず、柔らかい床だけに限定してやることにした。

そういうわけで今夜も赤ちゃんが横で寝息を立てています。

幻の寝返り

＊8か月①

赤ちゃんのうんちが出ない日がある。その翌日は、今日も出なかったらと気が気でない。以前は毎朝5時か6時のミルクの最中に出て、なんとリズミカルなのだと感心していた。ところが、最近はうんちの時間がまちまちになってしまい、先日は1日出なくて、翌日夕食で離乳食をバンボに乗せて食べさせていたらブリブリとした。

バンボというのは赤ちゃんのお尻がすっぽり収まって安定して座れるようにする椅子で、漫画家の尾上龍太郎《おのうえりょうたろう》さんにいただいた。他の人からも1台いただいて、居間と店においてある。口々に言われていたのはバンボは便利だけど、そこでうんちをするのは最悪だということで、お尻がすっぽり収まる分、うんちの逃げ場がなく、おむつのギャザーや腰のバンドからはみ出してしまう。しかも1日おいてのうんちだったため大変な量だった。

とは言え、便秘の不安が解消される安心感のほうが勝った。うんちなんかお風呂で洗えばいいだけだ。

その翌日もうんちが出ずやきもきさせた。母の茶道教室の生徒の元看護師さんによると、水分が足りてないせいではないかとのことだった。うちの赤ちゃんはミルク以外の水分を全然とらない。赤ちゃん麦茶や赤ちゃんリンゴジュースなど買って来ても、一口飲んでは嫌がってもう飲まない。以前から水分不足は懸念していた。そういう場合はミルクの水分を増やして飲ませればいいとのこと。

ただ、水分を増やすとそれまでのお湯と水の配分が変わってしまい、ぬるくしがちだ。慣れが必要だ。うちの赤ちゃんは温度にもかなりシビアでちょっとでも熱かったり冷たかったりすると、そっぽを向いてしまう。

寝かせ飲みをはじめてから、妻にとっても寝かせつけが楽になり、僕が預かっても自分でやってもそんなに変わらないとのことで、預かる機会が減った。4時間おきに起きるのは相変わらずなので、夜中のミルクのタイミングのオムツ交換を担当している。

夜、赤ちゃんに寝かせ飲みをしていたら、ミルクとその前に食べた離乳食を全部吐いた。それこそ噴水のように吐き出してパニックだったそうだ。僕は映画を観に行っていて、翌朝教えられた。そう思って赤ちゃんを見るといつもより元気がなかった。それまで元気いっぱい泣いたり叫んだりするのがうるさいな〜と思っていたのだが、泣き声に力がないとすごく心配になった。翌日は離乳食を休んだ。ミルクも飲ませていいものかどうか心配だったが哺乳瓶を見せると「欲しい！　欲しい！」と足をバタバタさせるので、飲ませた。その後、特に問題はなかった。

次の日には元気いっぱいに泣いたり、叫び声をあげていた。それまで元気よく泣くのが普通だったのだが、元気よく泣いていると安心するようになった。

寝返りをほとんどしなくて、腹ばいも嫌いで、立たせると無限にジャンプし続ける。ジャンプというかスクワットのような動きで、保健師さんも足の強さに驚いていた。大人でもあんなに長時間上下運動できないのではないだろうか。ただ、体を両手で支えてあげないと立っていられないため、自力では全然できない。

そんなある日、寝かしていたらコロンと寝返りしてうつ伏せになり、しばらくしたらまたコロンと寝返りして仰向けに戻った。僕は現場にいなかったので見ておらず、妻がそう言っていた。見たい。寝たまま体をずらして、頭を中心に足で弧を描くように動くそうだ。僕はすぐに立たせてしまうので全然見られない。

子育ての先輩方がこぞって「歩くようになったら大変だ、今が一番かわいいでしょ」と言う。今までのことしか知らないのでまったく理解できない。自力で体を動かすことができず、歯がゆい思いをしているのではないかと不憫《ふびん》で、早く自由に歩き回れるようになって欲しいと願っているし、いちいち抱っこを要求されるのも面倒な時がある。しかし、先輩方が言ったことに今まで間違っていたことがないので、歩き回りはじめたら想像を絶する大変さなのだろう。楽しみだけど恐ろしくもある。

人の顔を憶えてきていて、僕、妻、母の顔は記憶しているようだ。部屋に入って顔を見ると、ニコっと笑ってくれる。小堺一機のようなくしゃっとした顔で笑う。そんな顔を見ると天にも昇る気持ちになる。他人の子どもでもこんなに嬉しい気持ちになるのだから血縁のある子どもだったら本格的に昇天してしまうのではないだろうか。実子に憧れがないと言えば嘘になるのだが、うちの赤ちゃんで充分だ。うちに来て3か月。嬉しい気持ちがいつまで続くのか半信半疑で、減ってしまうことが心配でならない。今のところ大丈夫で、逆に折れ線グラフでいうと右上に向かい続けている。

里親研修会に出席した。地域に住む里親の皆さん、なかには養子縁組している人もいて、おじいさんおばあさんが多く年齢層が高かった。ただ、里親のみなさんが本当に明るくて、楽しそうだった。グループミーティングで一緒の班には、去年研修をしたがまだ預かってないご夫婦もいて、表情が暗かった。もしかしたらうちの赤ちゃんはこのご夫婦の家に行っていたかもしれないと思うとハラハラした。

終わってから、妻に「里親はみんな明るいけど、まだ預かってない人は表情が暗かったね」と言った。子どもを欲している家庭は里子を預かることでこんなにも明るくなるのだろうか。すると妻は「明るい人にまず預けるんじゃないか」と言った。そういうことなのかもしれない。

赤ちゃんがすっぽり入って安定して座れるイス
バンボ とても便利
うう——ん
やばいで
うんちしてる
バンボでうんちをするとオムツからはみ出るのだ
べっちょり
ひぃ〜〜〜!!

歯

＊9か月①

赤ちゃんが月齢9か月になった。母が下の前歯が2本生えてきていると言って、見ようとしたのだがわからなかった。早産でかなり早く生まれているので、修正を考慮しつつ成長を見ている。そうしないと他所の子より、発達の遅れが気になってしまう。妻は歯が生えてきたのを見た気がするけど、夢だったかもしれないと言った。赤ちゃんと添い寝をしていて眠りが常に浅いため夢と現実の境界があやふやになっている。

赤ちゃんと添い寝しながらミルクを飲ませていたら、途中で遊び出して哺乳瓶を口から離す。寝かせようと頭を撫でていたら、その手を赤ちゃんがつかんで僕の指を口にくわえてしゃぶりだした。すると、指の先に固い感触があった。下の歯茎の前歯の部分で、「え?」と思って何度か触るとたしかに固い。赤ちゃんの口を無理やり開いてみようとすると舌が邪魔でよく見えない。さすがに舌をどけてまで見るのは難しかったのだが、しばらく見ていたら舌が動いて、なんとなく歯茎の盛り上がりに白い横筋のようなものが見えた。下の2本の前歯だ！　母の話は妄言じゃなかったし妻が見たのも夢じゃなかった。歯の生える時期は生後3から9か月だそうなので、ギリギリ間に合った。

最近、下唇を咥えこんで口を真一文字で「ん〜〜〜」という表情をしていて、なんだろうと思っていたのも、下の歯茎の違和感でそうしていたのかもしれない。

お座りも随分上手になって、足を三角形になるように開いて座らせると長い時間座っていられるようになった。でも座るのは全然好きじゃなくて、よほど機嫌のいい時か、おもちゃで気が散っている時しか座っていない。すぐ不満げな声を出す。

赤ちゃんが好きなのは脇を支えての立ちで、ハイテンションでえっさえっさする。延々やり続けて頭が汗ばんで前髪がじっとりとおでこに貼りついてもやめない時もある。足の力と持久力がすごいのではないだろうか。足より先に体幹の力がなくなって、体が前のめりに倒れて、それでも体を支えてやるとピョンピョンし続ける。将来電車で席に座らない人になりそうだ。

寝返りができるようになってきた。仰向けに寝たまま自分でおもちゃのガラガラをぽいっと投げてしまい、それを自分で拾おうとして、手でどんどん遠くに押しやってしまうことがよくある。それを拾おうと体をひねってぐいっと手を伸ばす。すると寝返りしそうになるのだが、伸ばした手の反対の腕をお腹に敷いて、それを抜くことができず、仰向けに戻る。ほぼ寝返りができているような感じで、体の下の腕を抜くことさえできれば完成だ。時々できている。毎回できるようになるといいな。体を横向きにして寝るのは楽々とやっている。

手が少しずつ器用になってきた。片手で持ったものを顔の前で逆の手に渡すことができるようになった。それを何度も繰り返して練習している。前はおもちゃをおでこにガツンとぶつけてそれを口にずらして舐めていたのに、口に正確に運ぶようになった。ガラガラにトナカイのツノがついていて、ツノが目に刺さりはしないかと心配だったけど、もう安心だ。

髪が薄かったが、しっかりと生えてきた。一回も散髪していないのに、襟足がきれいにそろっていて、頭の真ん中がふさふさしていてソフトモヒカンみたいだ。

手足がぐんと長くなって服が膝丈になってきた。大変な成長ぶりだ。先日の身体測定でどれほど大きくなっているのかとワクワクしていたら、体重は300グラム増えていた。ところが身長は4ミリしか増えていなかった。「え?」と耳を疑った。4センチでも驚かないくらいだったのに、4ミリとは。脂肪が落ちて筋肉が増えて体がしっかりして手足が長く見えていただけなのだろうか。それも立派な成長だとは思うのだけど、4ミリか〜。

寝返り

＊9か月②

赤ちゃんが自由自在に寝返りを打てるようになった。あっちにコロン、こっちにコロンと長座布団に寝ていると思ったら、とんでもない場所に移動してコンセントのコード類をしゃぶしゃぶしているので油断できない。妻が添い寝で寝かせているベッドから、トイレに行っている隙に落ちてしまった。ひどく泣いていたのに、抱き上げるとケロッとして、どこか怪我がないか調べたらどこもなんともなかった。恐らくストンと落ちたのではなくズルズルとゆっくり落ちたのではないだろうか。一安心していたら、後で口の中を切っていることがわかった。うちの赤ちゃんはお医者さんの注射でも打ってからしばらくして「ふえ〜〜〜〜」と声を出すけど、3回くらい声を出すともうケロッとしている。痛みに鈍いところがあるから逆に心配だ。

仰向けで、まず足を交差させてグイッと上半身をひねって見事に体を裏返しにする。腹ばいになって、ひじをついて体を上に反らせ、そのまま体を傾けてコロンとまた裏返す。涼しい表情でやるのだが、誇らしげでもある。

うちの赤ちゃんはポーカーフェイスで、ヨーグルトやバナナなどデザートが好きで、食べたがるときには「うーうー」と声を出すのに、表情は素のままだ。声を出さないのに欲しがっている時は左足をバタバタさせる。その時も表情は素のままだ。顔には出さず、声や足のばたつきで表現をする。えらそうだ。

相変わらずハイハイをしない代わりにその場で垂直にピョンピョン跳ねる、えっさえっさは大好きだ。ジャンパルーというジャンプを補佐するオモチャを買った。これはゴムで吊り下げた椅子に座って床を蹴るとゴムの力ですごく弾む。子ども用品は中古がすごく安く、2千円くらいでなんでも買えるのだが、あまり流通していないようで中古が見当たらず、新品で買った。2万円くらいした。ネット動画で子どもがギャーギャー叫んで大熱狂して連続でジャンプしているのを見たら、どうしても欲しくなった。うちの赤ちゃんにもっとも必要なオモチャはこれだと思ったのだ。最初はおっかなびっくりジャンプしていたのだが、何日かやっているうちに慣れて金具をガッシャンガッシャン鳴らすほど激しく飛ぶようになった。大喜びで疲れて泣くまで飛んでいる。ネット動画では歓喜で叫ぶ子どもが見られたのだが、うちの赤ちゃんはどんなにエキサイトしても叫ばない。「きーーーー！」と空気の漏れるような変な声を出すか、「ハフハフハフハフ！」と熱々のおでんを口に入れたような息遣いをするか、フルートでも吹くように口をとがらせて「ぶぅ〜〜〜」と何度も言う。

そんな風に静かな赤ちゃんだなと思っていたのだが、ここ数日大きな声をはっきり出すことができるようになったのか、「ああっ！」とスタッカートというか、途切れるように発音するようになった。これまでを音で説明すると、「ぅぅうううぅぅぅ」というように消防車のサイレンのようなボリュームを右に回して左に戻すような声の出し方だった。ちょっとうるさくなった。

うんちもねっとりしてきた。これまでドロドロだったものから水分が減った。固まりが大きくなり、汚染範囲が狭まったため、おしり拭きの使用枚数が減った。その分、便秘がちで心配だ。先日2日間便秘だったため、3日目に綿棒で肛門をグルグルするのをやってみた。すると、「う〜〜〜」とうなり出し、おしっこがちんちんからチョロチョロと出はじめ、慌ててオムツを当てていたらねっとりしたうんちが少しずつ出てきた。すごく安心した。しばらくして出終わったようなので、お尻を拭いているとまた「う〜〜」とうなり出したと思った瞬間、「ビューーーー！」とうんちがレーザー光線のように出て、オムツを飛び越え長座布団の上に敷いていたバスタオルまで飛んだ。ドロドロのうんちがねっとりの後に控えていたのだ。うんちは、バスタオルから座布団のカバーに達してしまった。ちょうど衣替えの時期なのでカバーを交換した。

寝返りが上手になって、オムツ交換の時にも、お風呂上がりで服を着る時も体をひねりたがる。そのため両足で両肩を固定して作業している。普段は王様のように振る舞っているのだが、この時ばかりは囚人のように拘束されてしまうのだ。

9か月になり体重も増えたようで抱き上げるとずっしりと重い。そのせいか、毎日

あおむけの状態から
足をクロスさせて
ぐいっ
体重を移動
コロン
ばっ
うう!!
涼しい顔で寝返りを決める
かっこいい!!

抱っこしてくれている店の従業員のかほさんは腱鞘炎《けんしょうえん》になり、手術を受けた。母も手を故障してサポーターをつけており、妻も腰をやられてしまった。故障者続出の状態なのに、本人はいまだに歩くこともできず立ち上がることも、つかまり立ちもできない。困ったものだ。

水が苦手

＊9か月③

先週、赤ちゃんスイミングの体験に行かせてみた。僕が連れていったわけではなくて、妻が連れて行った。すると平日午前ということで、お父さんが連れて一緒に来ている人は皆無でお母さんばかり。しかも大抵は若いお母さんで、そんな中、中年男が紛れ込んだら変態に見られても不思議じゃないし、僕も若いお母さんをガン見せずにいることに耐えられる自信がない。たまたま締切の仕事があったおかげで気まずいのを回避できた。危ないところだった。

赤ちゃんスイミングは、赤ちゃんがあまりに水嫌いでこのままではカナヅチになってしまうことへの危惧があったためだ。僕はかつて見てきた。普段野球やバスケが上手でクラスの中心人物だったHくんがカナヅチであったばかりに、夏場プールを仮病で見学して大層小さくなっていたことを。僕は球技が苦手だった割に水泳だけは得意で、大変いい気味だった。

赤ちゃんは、お風呂は常に超緊張状態で、顔に水がつくことが大の苦手なのだ。シャワーの音を聴いただけで嫌がっている。頭を洗って泡を流す時は、小さいタオルを濡らして頭をこする。それでも水が顔に垂れると泣く。湯船につかっていて、濡れた自分の手で顔を触って、自分の手の水が顔についただけでも泣く。それが尋常ではない泣きようで「殺される！　殺される！」と訴えているかのような泣きようで、調子の悪い時は声の限り大地を引き裂くくらいに泣く。お風呂からあがる頃には放心状態でぐったりして動かなくなっている。

そんな赤ちゃんスイミングでも泳ぐどころか顔を水につけることもせず、プールの中を妻に抱かれたまま少し揺れたり歩いたりするだけだった。バシャバシャと顔に水をかけただけで絶叫して、最後まで泣いていたとのこと。うちの赤ちゃんより小さい赤ちゃんでも平気で顔を水につけていて、着替えている時も床に座らせただけで泣いて、その小さい赤ちゃんになでなでされてなぐさめられた。とにかくどの赤ちゃんより泣いていたそうだ。

その日以来、お風呂での泣きがさらにひどくなっていた。プールで水に対する恐怖心が増幅したのかもしれない。しばらくすれば自然に平気になるという話も聞くの

で、お風呂で水に慣れてからスイミングでもいいように思った。ここ数日、ようやくプールでの恐怖心から解消されたようで、泣きが弱くなった。育児書には「湯船では水面を手でパシャパシャやって遊ばせよう」と書かれていて、赤ちゃんの手を持ってパシャパシャさせても緊張した顔つきばかりで、丸っきり楽しそうではなく遊んでもなかった。今日、僕がお風呂に入れると、頭の泡を流す時ちょっと泣き声を漏らしたが、ほんのちょっとだけだった。湯船では自分で水面をパシャパシャしていた。笑顔ではまったくなかったのだが「なんだろう?」という興味深そうな顔をしていた。

お座りしていて、転んで顔を正面から床にぶつけてもケロッとしているし、注射も針を刺して3回くらい「ふえ〜〜〜〜」と言っただけで泣き止むなど、痛さにはとても鈍い。人見知りもまったくしない。その一方、水がとにかく苦手だ。あと、顔を触られるのが嫌みたいで、食事の後、口の周りを拭くことも嫌がる。思いきり頭からザーっとお湯をかけてやったほうがいいと話す人もいる。1歳になったら頭からかけてやろうと思う。

はじめての鼻炎

＊10か月①

赤ちゃんが鼻水を垂らしていて、それはしばらくしたら止まったので安心していたらどうやら鼻が詰まってしまったようで、哺乳瓶でミルクを飲んでいると息ができない。しばらく飲んだら「プハッ」と哺乳瓶から口をはなして息継ぎをしていた。飲んでいる間は無呼吸でハラハラする。夜になっても鼻はつまったままで口を開けて呼吸しており、眠りが浅いのか1時間おきに目を覚ました。

翌日、近くの耳鼻科に行った。妻は赤ちゃんの耳垢も気にしていて、耳にカメラを差し込むとモニターに耳の中が映し出され、耳垢を見ることができた。右耳より左耳の耳垢が多かった。細いホースを差し込むと一瞬にして耳垢を吸い込んできれいになった。その様子も全部モニターで見られた。なぜか左耳しか掃除しなかった。

鼻炎だそうで、赤ちゃんは普通にかかるとのことだった。原因がなくてもかかるそうだ。1週間から1か月続くとのことだった。詰まった鼻水を細いホースでジュルジュルっと一瞬にして吸い出した。その後、水蒸気の出ているマスクみたいなのを口と鼻に数分当てた。耳掃除も鼻水掃除もマスクもどれも嫌がってギャンギャン泣いた。しばらく毎日通うように言われた。

それで鼻は通るかと言えば、その時はすっきり通るもののすぐにまた詰まってしまい、寝苦しい夜を過ごさせてしまった。翌朝、鼻水を吸いだしてもらうと、その足で赤ちゃん本舗に寄って、鼻水をとる製品を買った。瓶から2本のチューブが出ていて一方を赤ちゃんの鼻に差し込んで、もう1本のチューブを親が口で吸う、途中の瓶に鼻水が溜まって親の口に鼻水が入らない仕組みになっている。

昔は親が赤ちゃんの鼻に口を直接当てて鼻水を吸ったそうだ。風邪による鼻水ならすぐにうつってしまうし、親の唾液のばい菌が赤ちゃんにうつることもありそうだ。今はそんな便利な道具があるからいいなと思っていたところ、瓶に鼻水が溜まらず直接吸うホースに届いて口に入った。気持ち悪かった。

その道具を使うには赤ちゃんの顔と手を固定しなければならないし、固定されただけで赤ちゃんは泣く。さらに鼻にチューブを突っ込まれると力いっぱい嫌がって泣く。鼻を小刻みに吸うと少しずつ鼻水がチューブを通っていく。風呂上がりなどで鼻づまりが弱まっている時にやるといいそうだ。吸うのは僕の役割で、赤ちゃんを固定するのは妻か母がやってくれている。嫌がって顔をそむけたり、手でチューブを払ったりしないように固定しなければならない。

妻は赤ちゃんを体の前に座らせて脇に両腕を挟んで両手で顔を固定していたのだが、母は赤ちゃんの両脇に腕を通して耳を両手で押さえるという、レスリングでいうフルネルソンの形で固定していたのでとても驚いた。母はプロレスもアマレスもまったく興味がなく、そんな技術は知らないはずなのだが見事にフルネルソンになってい

鼻炎になってしまったので寝る前に鼻水をとってあげます
動かないようにおさえて
吸う人、おさえる人 二人がかりでやります
いくよ
顔と両手を同時に固定
がちっ
初めてのプロレス技はおばあちゃんのフルネルソンです
はいよ
じたばた
うう——

た。そのままブリッジをするとドラゴンスープレックスだ。なぜそのやり方をしたのか、本当にただなんとなくしたのだろう。腕は万歳の形になって顔に届かず、顔はしっかりと固定できる。理にかなった抑え方だった。

赤ちゃんの鼻水が口に入るのは気持ち悪いし、赤ちゃんが大泣きするのもかわいそうだ。でもすごくやり甲斐を感じる作業だった。

風呂上がりで寝る前と、夜中ミルクで起きた時に鼻を吸った。いくらか残った鼻水でゴゴゴと音がするものの、息継ぎせずにミルクが飲めて眠りは浅くなかった。

耳鼻科には朝と夕方に通った。「吸入お願いします」というと、待たずに15分くらいで鼻水とマスクをしてくれた。鼻水を吸う時、耳鼻科の先生は「ちゅっちゅっちゅー」と言って楽しく吸ってくれた。そうこうしているうちに日に日に鼻水は少なくなっていき、1週間で鼻炎は収まった。

うちに来てからミルクを吐いたのが1回、あとは便秘が3日続いたくらいしか体調不良がなかった。今回の鼻水は本格的な体調不良の症状だ。でも鼻が詰まって口呼吸する以外はまったく元気で、いつものようにえっさえっさしたり、母のいないないバーに大喜びしていた。

ズリハイ

＊10か月②

うちの赤ちゃん、ハイハイはできないのだが、ズリハイができるようになった。腕立て伏せのように体を両腕で支えて、背中を反らせて両手を床から離すと体が前に進む。両足はバタバタしているだけで役に立ってない。バタフライのような動きで、両手の力だけで進んでいるので腕の力が強くなりそうだ。ハイハイのほうがずっと楽に体を動かせるはずなのに、こんな辛そうで、非効率な方法を選んで懸命に体を前に動かして、自分で放り投げたガラガラを取りにいく。「う〜〜〜〜〜ん」とうなり声を上げて移動する。大変な頑張りようだ。他の赤ちゃんを知らないので、なんとも言えないところはあるのだが、頑張り屋だ。

これまでせいぜい寝返りを打てる範囲しか動けず、自分で放り投げたオモチャが遠くて取れず泣いていた。そんな彼が部屋の隅から隅まで動けるようになった。そのため妻がコード類を片付けたり高い位置に移動させた。細い紐状のものが大好きで、座布団の四隅から出ている糸などもずっと引っ張ったりしゃぶったりしている。歯が生えてきているので電気コードは手の届かないようにしないと噛んでゴムを破ってしまい危険なのだ。今までの、床に寝転んだらジタバタするだけで、にっちもさっちも行かない存在ではなくなった。苦労しながらも行きたい場所に行けるようになった。哺乳瓶やポットを置いている小さいテーブルの下が好きなようでそこに入りたがる。

いちばん好きなオモチャは輪っかがいくつも絡み合ったジャラジャラしたもので、歯固めにもなる。その次がトナカイのツノのついたガラガラで、他にも柔らかい人形などいろいろある。どのオモチャもしゃぶしゃぶしたり、テーブルや床にバンバン叩きつけたり、放り投げて取りに行ってまたしゃぶしゃぶしたりするだけだ。振って音が出るくらいしか遊びようもないのだが、それにしてもオモチャ本来の意図としてそれでいいのだろうか。そんな用途だけでも、いちばんよく取りに行ってしゃぶしゃぶするのがジャラジャラで、次がトナカイのガラガラという順位があるので、やっぱりお気に入りはあるのだろう。

いないないバーがすごく好きで、顔を両手で隠して見せる普通のも受けるし、寝たふりをしてバッと起きるだけでも大喜びしていた。キッチンのカウンターに顔を隠してバッと見せるのも大好きで、カウンターに顔を沈めて、意表をついてキッチンの脇から顔を出すと発狂するほど喜んだ。かなり嬉しい時は笑顔で「き〜〜〜〜」と息を漏らして、最大級に嬉しい時は「アハハ！」と声を出す。

この「アハハ！」を聞きたくて仕方がない。赤ちゃんを笑わせることが何より楽しくて仕方がないので、そのためにどんないないないないバーをすればいいのかと、部屋の戸からバッと飛び出したりする。漫画を描く商売をしている者の表現のレベルとしてどうなのかと思う。

ところが、ここ数日急にいないないいないバーがさっぱり受けなくなってしまった。一応笑顔は見せてくれるものの「き〜〜〜〜」にも「アハハ！」にも程遠い愛想笑いのような微妙な笑顔しか見られなくなってしまった。

こちょこちょが受けると妻が言うのでやってみたのだが、そんなに受けなかった。受けたとしてもくすぐったくて笑うだけで、受けているのとは違う気がする。えっささも抱っこも、高い高いも喜んでくれるし、機嫌が悪いわけでもなく、普通なのだが、「アハハ！」を聞いたり、それ以上の熱狂を受けたい気持ちが収まらない。

ハイハイ

＊10か月③

ここ数日、赤ちゃんの成長が目覚ましい。ズリハイをしていたかと思ったら時折ハイハイをするようになった。膝を立てて両手両足を前後に動かしてハイハイをすると移動の速さが3倍くらいで戦車のように突き進む。でもまだ時々しかしない。

ズリハイや寝返りをするようになって、自分で体を移動させることができるせいか、えっさえっさの時間が減った。これまで寝ているの嫌だ、腹ばいも嫌だ、お座りも嫌だ、抱っこも嫌だ、しかしえっさえっさだけ機嫌がいいというような時が多々あり、機嫌がいいならとやらせていたのだが、それでも心のどこかで将来股関節に何かしらの障害が残ったらまずいと不安があった。先日保健師さんがいらした時に聞いたら股関節脱臼の危険があるそうだ。幸い今のところどこも痛がっておらず、見た目も正常だ。えっさえっさは楽しそうなのだけどリスクと不安があるので極力減らしたい。

そんなえっさえっさも以前にも増して力強くなった。前は屈伸の上下運動で、ぴょんぴょんというような屈伸の延長のような軽いジャンプだった。しかし、今や固い棒を縦に地面に打ちつけて跳ね返るような、「ダンダンダンダン！」と力強くも軽やかなジャンプで確実に地面から体が宙に浮いている。あまりにパワフルで故障しそうだ。

ハイハイだけでなく、うっすらとつかまり立ちもした。朝、目を覚ますと寝ているベッドの頭の上にある板に、頭を打ちつけて遊んでいる。赤ちゃんの頭なんてペコペコしているところもあるくらいなので脳や頭蓋骨になにかあったら大変だ。円筒形の抱き枕を板の手前に置いた。すると、それまで毎日ソフトモヒカンのように立っていた髪が落ち着いて、上品なおぼっちゃんみたいになった。その抱き枕と板が段差になって、抱き枕に手をついて体を持ち上げ、板に手をかけて、かなり腰が後ろで背中も低いけど一応つかまり立ちと言える状態になった。

大人が立たせてつかまらせている状態はつかまり立ちとは言えないとのことなのだが、店の包装紙の作業をする台が調度いい高さの壁があって、そこに包装用のひもが設置されている。その壁につかまらせて立たせると、壁の上に置いてあるルーペを取ろうとして、なんと伝い歩きをした。

僕が椅子に腰かけて赤ちゃんを膝の上にこちら向きで、脇を支えて立たせると、お腹の肉につま先を突っ込んで足をかけ、みぞおち、胸を踏んで肩まで登る。ロープを使って崖を登る登山家のように体を水平に近づける。頭をつかませて肩に立たせようとすると、それはダメだった。とにかくこうして足を前後に動かして体を動かす。

自動車の運転席のおもちゃを適当に叩いてクラクションやラジオ、パトカーや消防車のサイレンを鳴らしていたのが、きちんと狙って鳴らしているように見えて、つぎつぎボタンを押すので音が単発でなく延々と鳴りつづける。まるでＤＪのようだ。し

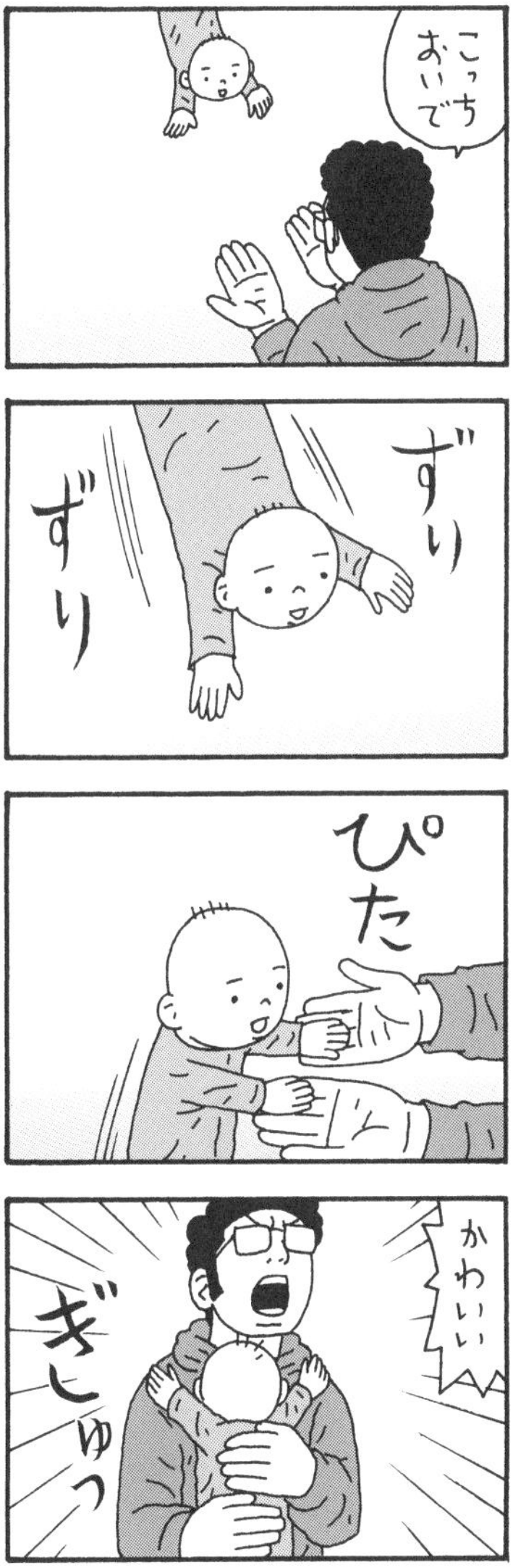

かもすっかり力持ちになって、おもちゃ全体をぐいっと自分のほうに傾けて、窓枠をシャブシャブする。

下の歯が2本だけだったのが、上の歯も3本生えてきていて、納豆のフタの発砲スチロールを噛み千切って食べた。飲み込む前に口の中に手を突っ込んで取り出した。今まで紙も印刷が溶けないものをしゃぶらせていたのだが、紙も噛み千切る。なるべくあれダメこれダメと言いたくなくて、好きにさせたいんだけど、これからは注意を怠れない。

毎晩、寝かせる前に母が「おやすみ、また明日、それじゃ握手」と言って手を差し出して、無理矢理手をつかんで握手させていた。先日、母が「握手」と言って手を差し出すと、赤ちゃんも手を差し出したのでびっくりした。それからは毎晩ちゃんとした握手が成立している。慣れなのだろうか。

また、ズリハイしている赤ちゃんに向かって、「こっちおいで」と両手を差し出すと、ズリズリこっちに向かって進んできて、僕の両手に赤ちゃんの両手を重ねてくれるようになった。嬉しくて抱き上げてしまう。

あと数日で月齢が11か月になる。

赤ちゃんの発声

＊11か月①

赤ちゃんは「あー」と「うー」で自分の意思を伝えようとする。「あー」と力いっぱい叫んで、「いやだ」「やめろ」と不満の声だ。「うーうー」と言ってミルクやご飯を欲しがる。さらに欲しい時はそれに左足をバタバタさせるのが加わることもある。ミルクを飲んでいる時にどのくらい減ったのか確認するために口から哺乳瓶を外すと、静かな口調で「へい」と言って顎をしゃくる。アメリカ人のようなクールな仕草だった。

寝起きはいつも「ふえっ、ふえっ、ふえええええ～」と泣きながら起きていたのだが、月齢11か月を過ぎた最近は、何も言わずに目を覚まし、大抵の午前中は機嫌がいい。笑い方が変わっていて、「きいー、きいーー」と口を横に広げて変な声を出す。もっと嬉しい時は「あはは！」と言うこともあるけど滅多に出さない。

これまで母音の「お」が赤ちゃんの口から出なかった。口をすぼめて「ふー」とか

「ぶー」と食事中に息を吹いて食べ物を飛ばして困らすことはあった。そんなある日、「うー」の口をもう少し大きくして「おーおー」と言い出した。ずっとそればかり言っていて、時折「ピー」と口笛まで鳴った。これで母音の全部がそろった！　すごいぞ、これでなんでも喋れるぞ！

……と思ったのだが、元々なにかうにゃうにゃ喋る時にとっくに母音は全部出していたようにも思う。

赤ちゃんの存在を無視したり素通りすると怒って、「あ」と「え」の中間ような、発音記号の「æ」みたいな声で叫ぶ。食事中に、席を外してキッチンに胡椒《こしょう》を取りに行ったり、空いた食器を流しに出す時も怒る。その時は、離れた場所から「ばー！」と言って機嫌を取るのだ。

先日、夕食で居間に行くとテレビでちょうど、『ペコロスの母に会いに行く』の作者が出ていて、「この人は介護しながら漫画描いているって」「そうそう映画にもなって、川崎さんと観に行ったよ」などと会話していると、まったく相手にされてなかった赤ちゃんが両手をばっと上げて「おーーい！」とまるでひな壇芸人のように叫んだ。

僕はなるべく赤ちゃんが何か言うと、それを復唱するようにしている。大学で「来談者中心療法」というカウンセリングの勉強をしたことがあって、それで相手の言うことを復唱すると、相手はちゃんと話を聞いてくれていることを理解するという方式だった。赤ちゃんが「あー」と叫んだら僕も「あー」と言う。

赤ちゃんが口笛を吹いたら僕も口笛を吹いて、試しにウグイスの泣き方をしてみたら、すごく興味深そうにこっちを見るので、『スティング』のテーマを吹いてみた。じっと聴き入ってくれていた。次に口笛の名曲『戦場にかける橋』を吹いて、『戦場のメリークリスマス』も吹いてみたところ、じっくり聴いてくれた。

音楽が好きなようだ。クローゼットの奥に10年くらい前に映画の撮影用に買ったアコースティックギターがあったので、チューニングもせずに鳴らしてみたら、離れたところから這いずって来て、ギターに手を伸ばし、弦を触って音を出なくさせた。自作曲以外演奏できるものがないので、何かアコギで演奏できる名曲を練習して聴かせてあげたい。レディオヘッドの『クリープ』などいろいろ。

一般的に赤ちゃんは車で運転していると途端に寝ると言われているのだが、うちの赤ちゃんはほとんど寝ない。寝ないどころか、チャイルドシートを嫌がってギャンギャン泣く。大抵は妻が抱っこして落ち着かせる。道路交通法で、赤ちゃんがあまりに泣くときはチャイルドシートから外して抱っこすることは認められている。僕の車でチャイルドシートは単に場所を塞いでいるだけの飾りだった。

しかし、ひとりで赤ちゃんを運ぶ時はチャイルドシートに乗せなくてはならない。その時もやっぱりシートに縛り付けられるのが嫌でギャンギャン泣き出したため、口笛で『スティング』のテーマを吹いてみたら、泣き止んで聴いていた。映画音楽シリーズのレパートリーが狭すぎるので、スマホに入っていたスティービー・ワンダーの『You Are The Sunshine Of My Life』をかけて、それに合わせて口笛を吹いても大人しく聴いてくれた。次にスウェードの『So young』はどうかなと思ったけどちゃんと聴いていた。これはぜひ聴かせたいと思ったＹＵＫＩちゃんの『喜びの種』は意外なことにしばらく聴いた後、泣いた。

妻がひとりで運転して赤ちゃんを連れていくときはハロプロしか聴かせていなかった。絶対に泣くと言っていたのは、音楽が原因だったのかもしれない。

今後、ロックの名曲を赤ちゃんに聴かせて反応を見てみたい。

つかまり立ち

＊11か月②

赤ちゃんがソファーに置いてあった妻のカバンのひもをつかもうとしてひょいっとつかまり立ちをしていた。先日、ブルブル足を震わせながら中腰のつかまり立ちをしたと思っていたのに、ひょいひょいと何度もつかまり立ちを涼しい顔で決めている。見ていると部屋の中央からソファーに一直線ではって行ってそのままソファーに手をかけてひょいっと立つ。何食わぬ顔で妻のカバンのひもを手に取りそのまま口にくわえてしゃぶしゃぶしている。その度にびっくりしているのはこっちだけで、本人は偉業をなしとげているのにその自覚がない。

妻が足の人差し指にタンスの引き戸を落として爪と骨を折って歩けない。そんな時期に赤ちゃんがまた鼻炎になって、僕がいない時は妻と母とふたりがかりで耳鼻科に通っている。母は腕がダメで赤ちゃんを抱けず、妻は歩けないので、車の運転を母がして、車で赤ちゃんを抱いているのは妻で、耳鼻科の中を連れまわすのは母。

僕が行ける時はひとりで連れて行く。すっかり音楽を赤ちゃんに聴かせるのが楽しくなっていて、これまでスティービー・ワンダーとプリンス、ユーミンは鉄板でじっくり聴いていて、時には大麻を一服決めたのではないかというくらいうっとりとした顔で聴いていることもあるほどだ。あとスウェードとザ・ザもしっかり聴いている。ガンズ・アンド・ローゼスの『パラダイス・シティ』は前半の静かなところは耳を傾けているようだったけど曲が盛り上がって来たところで泣いた。

2回目の鼻炎で、今回は早目にお医者さんに行ったせいか、今のところ完全に詰まっ

ていない。息苦しそうではあるけど、哺乳瓶の時も息継ぎせずに飲んでいる。吸引機で鼻水を取ってもらった後、薬の入った蒸気を当てるマスクみたいなのを口と鼻に当ててるのを赤ちゃんがすごく嫌がって泣く。日によっては朝夕で通っているので僕も慣れてきて、嫌がって暴れても、赤ちゃんの左足を股ではさんで、赤ちゃんの右手を右脇ではさみ、赤ちゃんの左手と顔は左手と左ひじではさみ、右手で顔にマスクを当てる。どんなに泣いても容赦せずに蒸気を吸わせることができるようになった。人権侵害をしている気がしなくもない。

そういうわけで妻がほぼ歩けないので、食事の支度もすることがあって、でもそれは冷凍されている離乳食を解凍するだけだから、とても簡単なんだけど、何が何だかさっぱりわからないのを適当に解凍するため、今朝はおかゆとカボチャとジャガイモという似た2品とメインに足りない感じで申し訳なかった。でもしっかり食べてくれた。そんなにおいしくもなさそうなものをぱくぱくとよく食べてくれた。

服を着替えさせて朝食の支度をして食べさせて耳鼻科に行って、ちょっと散歩で電車を見て帰って来るともうお昼、午前中がどこかに消えた……子育て中の主婦の生活はこんな感じなのだろうか。

成長を測る項目のひとつに、バイバイと手を振ると真似して振り返すというのがあるのだが、うちの赤ちゃんは全然しない。ところが、先日夕方の散歩で裏を歩いているると床屋さんの奥さんがいて、ちょっと立ち話をした後おばさんが「バイバイ！」と手を振ると赤ちゃんが振り返した。後にも先にもそれっきりで、たまたまというか誤差みたいなものだったのだろうか。しかし、つかまり立ちもなんとなくそれらしいのをやっていたと思ったらひょいひょいとするようになり、「はじめてできた！」と決定的瞬間の感動のようなものは全然ない。はじめての離乳食も妻は気合いを入れて動画で撮影しようとしたらギャンギャン泣いて全然食べなかった。いつの間にか「それが何？」みたいな顔で決めているのが成長なのだろうか。

救急外来

＊11か月③

泣きっ面に蜂というが悪い時に悪いことは重なるもので、妻が足人差し指骨折で歩行困難な時期に赤ちゃんが鼻炎となり、連日朝夕で耳鼻科通いしていて、母が2泊3日の旅行に出かけたその夜に赤ちゃんが38・5℃の熱を出した。赤ちゃんはNICU出身で、風邪が大病化しやすいとのことだったため大変肝を冷やし、非常事態宣言を発令した。前回の非常事態宣言は母の肺ガンの手術の時だった。何があっても赤ちゃんの熱問題を優先させる。

もう遅い時間で、外来で受診できる時間ではなく、救急外来の病院を調べたらかかりつけの市民病院も救急があった。しかし市民病院は重大な病気や怪我以外は受け付けていないと明記されていた。妻がNICU出身であることや市民病院に担当医がいることなどを説明し、市民病院での受診を受け付けてもらえた。

すごく優しい若いイケメンの先生で「ほ〜ら、お腹見せてね〜。こちょこちょこちょ

〜」と言いながら聴診器をお腹に当てていた。赤ちゃんは熱以外、咳やくしゃみはなく、何より元気だった。鼻水は鼻炎で熱の前から出ている。風邪の可能性はあるものの一応座薬をもらって様子見することになった。一安心した。

病院で熱を測ったら38・4℃、帰宅して寝る前に測ると37・9℃。順調に下がってきていた。赤ちゃんは平熱が37・5℃であり、大人と感覚が違う。

なぜ風邪を引いたのか思い当たる節がたくさんある。その前日、赤ちゃんを連れて漁港に行ってちょっと釣りをしたのだが、その際、赤ちゃんを抱いて長い堤防を歩いて回って靴下も靴も履いていない赤ちゃんの足はズボンが膝までズリ上がっていて足が冷え切っていた。赤ちゃんを抱いていると釣り人に話しかけやすかった。車の近くでしか竿を出さなかったので何も釣れなかった。

当日の午前中、母が関西に旅行に出かけるのを妻と赤ちゃんを伴って飛行場に送った。赤ちゃんに飛行機を見せたかったのだが、屋上の展望台は吹きさらしで寒かったのかもしれない。飛行機が飛び立つために滑走路に入ると、すごいエンジン音で飛行機が走っていく。しかし飛び立つ場所は展望台からすごく遠い場所ですっかり小さくなっていて音も小さくなっていた。赤ちゃんは飛行機が飛び立つのを見ても特に何も感じていないようだった。目の前で飛び立つようにして欲しかった。

その日の夕方、赤ちゃんを耳鼻科に連れて行った際、次に順番が来る2組が入る小部屋で小1くらいの女の子が咳をしていた。顔を遠ざけるために赤ちゃんを抱いて立っていたのだが、けっこう長く一緒だった。妻はひとりが待合室で呼ばれるのを待ち、もうひとりが車で赤ちゃんの面倒を見ていればいいと言うのだが、毎回しかも朝夕をふたりがかりで用事を足すのはあまりに現実的ではないと思う。

ふたりがかりで耳鼻科を受診するのはやりすぎなのだが、このように油断をしすぎていた。冬の間は人が集まる場所には一切連れて行かず、病院の検査以外ほとんど外出もしないくらい警戒していたのに、春が過ぎ夏が近づいている今、すっかり油断していた。

熱で寝苦しそうな様子もなく、翌朝37・4℃に下がっていた。大病化しなくてよかったし、座薬も使わずに済んだ。風邪でもなかったかもしれない。鼻水も減っていてすっかり元気だった。非常事態宣言は1晩で解除した。

熱が下がったこの日は11か月検診で市民病院に行った。前日のことを先生に話すと、熱が出ても他の症状がなかったら慌てる必要はないとおっしゃった。ショッキングだったのは、身体測定をしたところ2か月前より身長が3センチ伸びていたにもかかわらず、体重が200グラム減っていたことだ。うちの赤ちゃんは肥満児じゃなくてかっこいいなどと浮かれていたのだが、「発見された時その赤ちゃんは11か月なのに体重が7・6キロしかありませんでした」などという縁起の悪いニュースをアナウンサーが読み上げる声が頭に響いた。それほど深刻な体重ではないのだが、減っていることが怖い。赤ちゃんを引き取る時病院で、オムツはSサイズで、テープを張る場所が1と2の間だと教わった。それから半年経過しているのにサイズがSのままで、

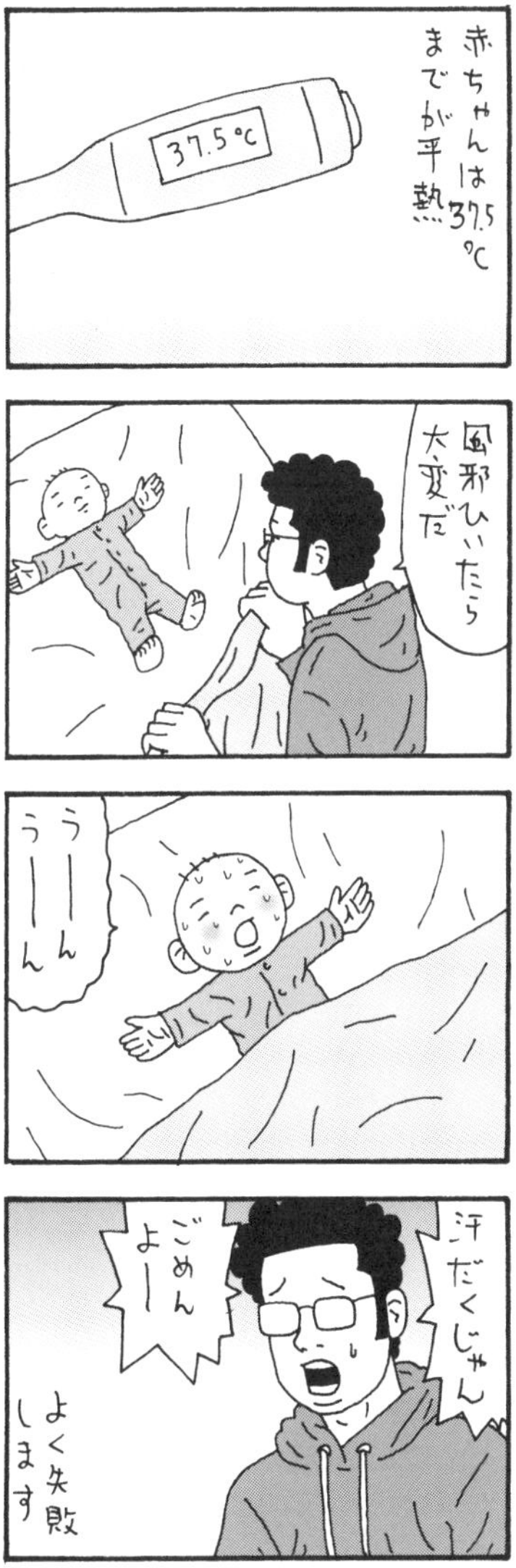

テープの位置はともすれば1の時もあり、変だなと思っていたのだった。

歩くようになるとやせるとは聞いていたのだがうちの赤ちゃんはやっとつかまり立ちをするようになったくらいで、ハイハイも時々しかせず、主にズリハイだ。歩いていないのにやせていたら、歩き出したらもっとやせてしまう。

離乳食を3回にして、ミルクは寝る前と夜中だけにしたのがよくなかったのかもしれない。赤ちゃんは離乳食を食べていると飽きて遊びはじめる。休み休みしながら午前中つかって朝食を食べ終わるような生活をしている。これではおやつを食べられない。ストローやコップが苦手で、水も麦茶も好きではないようでほとんど飲まない。うんちが固くなっていて困る。喉が渇くという感覚がないような気がする。

今後、夏場の熱中症に水分不足が心配だ。ミルクを嫌がることはないので、食習慣より健康や体重増を優先させ、ミルクを欲しがったらいつでも与えることにした。

こんな調子なので漫画の作業が全然進まない。ノルマをこなせたのが作業をはじめてから1日しかない。これまで嬉しい楽しいでやってきていて、それも妻の健康や母の手伝いに負っていたことを実感した。熱が出たり鼻水が出ていたりするのはかわいそうで、大病化したらと思うとたまらない気持ちになった。これまで心臓移植手術で

5千万円寄付を募るなど考えられないと思っていたのだが、気持ちがわかった。単なる発熱でそこまで改まった。最初に泣きっ面などと書いたのだけど、それほど泣きっ面ばかりではなく、熱が下がれば胸をなでおろし、鼻水を上手にたくさん取れればやり甲斐を感じ、何より赤ちゃんが熱があっても鼻水が出ても割と元気なので嬉しいです。

赤ちゃん風邪

＊11か月④

赤ちゃんの鼻水が長引いていると思っていたら途中から風邪を引いていて、おそらく耳鼻科でもらったようだ。その風邪が僕、妻、母、家族全員にうつり、従業員のかほさんにまでうつった。妻が足指骨折をしてから昼間の子守はかほさんと斉藤さんに頼り切っていた。

赤ちゃんは誰よりも従業員のかほさんが大好きで、その日はじめて顔を見る時は満面の笑みを浮かべて「あっ!!」と短く鋭い歓喜の叫びを発する。同時に、抱いていると足をバタバタと強く振る。かほさんも赤ちゃんの扱いが上手で、腱鞘炎になるまで抱っこしてくれていた。かほさんと斉藤さんに、赤ちゃんが残した食事を頼んでいると「ごはん！ ごはん！」と赤ちゃんをわっしょいわっしょいしてお祭りのようにすごく楽しそうに食べさせてくれるので毎回完食するのだ。

赤ちゃんの風邪を小児科で診察してもらうと、耳鼻科よりはるかにしつこく鼻水を吸ってくれた。機材は耳鼻科のほうがいいはずなのだが、鼻にチューブを4倍くらい深く突っ込み、長い時間をかけて鼻水を吸い取る。おばさんの先生が長いホースを首にかけて、先端のチューブを赤ちゃんの鼻に突っ込むと、あの小さい顔にどれだけ鼻水がつまっていたのだと不思議になるほどたっぷり鼻水を吸いだした。顔と同じくらいの量取れたように見えた。

その分、赤ちゃんはつらいみたいで、2回目は鼻水を取る機械の作動音を聴いただけで激しく泣きだした。

赤ちゃんの風邪なんかどうということでもないだろうと舐めていたら、赤ちゃんの風邪は感染力が特別強烈だそうだ。僕は赤ちゃんがこぼした離乳食を拾って食べたり、残り物を食べたりしていたので、真っ先にうつった。喉が痛いくらいで収まると思ったら鼻水が出て、それが終わって今咳が出ている。喉がイガイガして黄色い痰《たん》も出る。

風邪を引いていても赤ちゃんはいつもと同等か、それ以上に元気いっぱいで、最近覚えたつかまり立ちをとにかくしたくて仕方がないようで、やたらとテレビ台の前にハイハイで行ってすっくと立つ。テレビ台から手を、真後ろの位置にあるテーブルに移して、万歳のようなポーズで危ないと思っていたら後ろに倒れて頭をテレビ台にぶつけて泣いた。また、絵本を振り回して、絵本の角を目と鼻の間にぶつけて泣いた。まったくひどいおっちょこちょいである。

ずっとズリハイしかせず、滅多にハイハイはしなかったのだが、テレビやソファーに向かう時は、一刻も早くつかまり立ちがしたいのか、ハイハイで突き進む。つかまり立ちの後からハイハイが上手になったようにも見えるのだが、今までその必要がなかったのかもしれない。テレビ台でつかまり立ちをする時は、テレビがあまりに近くて目が悪くなりそうで、テレビを消す。鼻水をだらだら垂らしながらハイハイをしてつかまり立ちをして、伝え歩きまでするので、風邪でも元気いっぱいだ。

母が旅行に出かけた時に、お風呂で湯船に浮かせて遊ぶ瀬戸物の赤い金魚と黒い出目金と亀を買ってきた。亀は洗い場に落として割れた。出目金は赤ちゃんが持ったまま風呂を上がってその後部屋で遊んで、店に持って行って落として割れた。出目金がいちばんのお気に入りだった。赤ちゃんは黒いものがとにかく好きで、スマホやリモコンも大好きでそれも困るのだが、いちばん困るのは妻の黒いスリッパだ。ズリハイで、部屋の隅に脱いでおいてあるスリッパに向かって行って気がつくとシャブシャブしている。しゃぶってもいいように100円ショップで新品のスリッパを買ってきたのだが白だったため、まったく見向きもしなかった。お風呂でのおもちゃがとうとう赤い金魚だけになってしまい、出目金があれば出目金しか触らなかったのに今は金魚が大好きで、お風呂から上がってもずっと持っている。時にはそのままベッドまで持ちっぱなしだ。力が強くなっていて、握ったおもちゃを無理やり手をこじ開けて取り上げると、すごく怒る。「返せ！　返せ！」と猛抗議して叫ぶ。

両脇を支えて立たせ、えっさえっさをするのが大好きだったのに、つかまり立ちを

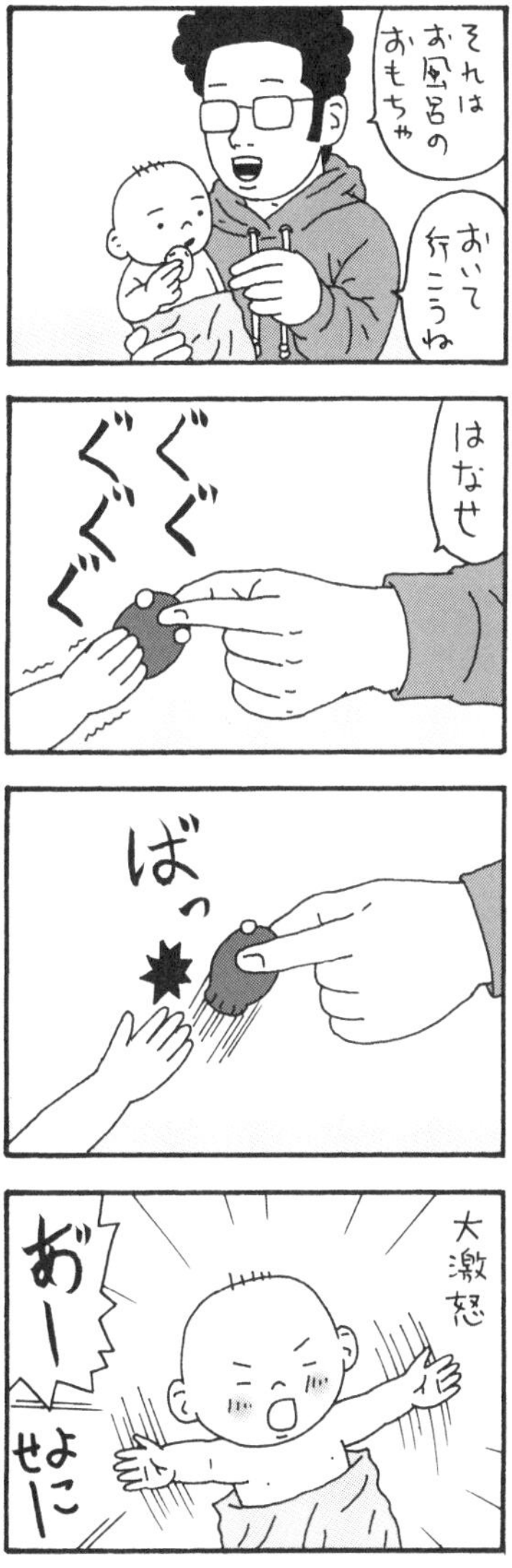

するようになってからはまったくしなくなった。2万円もしたジャンパルーも以前ほどテンションが上がらない。あっちで立ってこっちで立って伝い歩き、なんと妻の部屋のソファーに上がったこともあるという。妻が気づいたらソファーのお尻を置くところに赤ちゃんが上がっていた。僕はそれをまだ見ていない。妻ものぼる瞬間は見ていない。

鼻炎になってからずっと寝かせ飲みのミルクで、鼻呼吸が苦しそうだったのだが、今夜はすーすーと通りがよくなっていた。やっと風邪が治ってきたようだ。数えてみると鼻炎は3週間も続いていた。

里親会のいちご狩り

＊11か月⑤

里親会のいちご狩りに行ってきた。うちの赤ちゃんはまだ歩けもしないので行かなくてもいいかと思っていたところ、研修でお世話になった児童養護施設の子どももも参加するとのことで、またあの子たちに会えると思うとたまらない気持ちになって参加した。去年の8月に施設で2日間子どもと一緒に遊んだり食事したりして過ごすという研修をして、小学校低学年の子ども5人とかなり長い時間接した。僕は「絵の上手なおじさんだよ」と言って、言われるがまま仮面ライダーやポケモンの絵を描いて喜ばれた。5人の中には知的障害のある子もいた。滅多によその大人と会うことがないようなのに、人見知りもそれほどなくすぐなついてくれて、なついてもらえるとこっちも嬉しくて、その子どもたちを大好きになって、お別れがとてもつらかった。

その後、クリスマスにケーキを送りたいと申し出ると、クリスマスはケーキがたくさんあるから節分にして欲しいとのことで、節分にケーキを持って行った。その時は玄関で挨拶しただけで、妻は赤ちゃんの予防接種と重なって行かれず、悔しがった。そんな子どもたちにまた会える。お菓子を全体の子どもの人数分より少し多めの47袋作って、会場のフルーツ園に出かけた。

2月に会って以来の施設の子はすくすくと大きくなっていた。ある男の子は話しかけても不愛想で機嫌が悪いのかと思ったら後から話しかけてくれて、どうやら人見知りしていたみたいだった。女の子はすぐに思い出してくれて、「いくつになったの？」と聞くと一昨日誕生日だったと教えてくれた。

全部で70人以上の大掛かりな行事だった。ビニールハウスの中で、いちごが30分食べ放題で、早速施設で一緒だった子どもたちと行動して、「これおいしそうだよ」と大きくて赤いのを採ってあげていたら、その子たちもおいしそうなのをどんどんくれるので目いっぱい食べてすぐお腹がいっぱいになったのだが、それでもどんどんくれるので苦しかった。

妻は潔癖症なところがあり、人が口をつけたものを食べない。赤ちゃんの残り物は主に僕が食べている。また虫が大嫌いなのに血液型がO型であるため、蚊に刺されやすい。その上血流が悪いせいか一度刺されると何週間も痒《かゆ》い。僕はあまり刺されないし刺されても30分くらいで痒みが収まる。「私を虫よけにして喜んでいる」と被害妄想を募らせている。そんな妻は屋外や農場などが大嫌いで、大きな虫よけボードを服に下げていた。しかも足の人差し指骨折がまだ癒えず、普段から立って家事をするのが大変と言っているのに頑張って農場を歩いた。

虫よけのボードをキャミソール状の服の肩ひもにかけて、妻も施設の子どもが手づかみしたいちごをどんどんもらって、そんなのは口をつけるのが嫌なのに頑張って食べていた。食べ放題の時間が終わって妻を見ると虫よけボードの重さで、服の片胸がずり下がっていてぎょっとした。幸い下に長袖を着ていたので、丸出しではないものの、片胸を強調したような形となり、指摘するとひどく狼狽《ろうばい》した。人にはいろいろな事情や問題があり、その対策がさらに悪い結果を生むことはよくあるのだが、妻はそれが多いタイプだった。余計なことしなければいいのにとよく思う。

その後、昼食の前にレクリエーションをした。子ども銀行のお金を賭けてジャンケンをした。施設で一緒だった女の子がすごく興奮して「最初はぐー!ジャンケンポン!!ギャー!!」とキンタローの前田敦子の物真似くらい甲高い声で絶叫していたのがおかしかった。彼女は次々勝っていた。

昼食は、その子たちと同じテーブルがいっぱいで高校生の子どもと一緒に食べた。施設の子らはしつけが行き届いていて、きれいに正座して行儀よく好き嫌いせず食べる。僕や妻のほうがはるかにだらしない生活をしていて恥ずかしくなる。

フルーツ園にはウサギとヤギがいる。ヤギの赤ちゃんがいるそうで、ヤギなんかどうでもいいと思っていたのだが、みんな行くのでついて行ってみると、赤ちゃんが本当に小さくてかわいくて、つい抱きしめたくなるほどでびっくりした。写真を何枚も撮ってしまった。

食事してジェラート食べてビンゴ大会して解散となった。別れが名残惜しかった。一昨日誕生日だった女の子に、明後日誕生会があるから来てと誘われた。本当に行ってもいいならぜひ行きたいんだけどいいのかな。その子の時だけプレゼント持って行って他の子の時行かないのは問題じゃないのだろうか。「行っていいの？」と聞いたら「玄関でピンポンて押せばいいんだよ」と言った。その後は何も言えなくなってしまった。

楽しくてあっという間の時間だった。なかには実子がいて里子を求める人もいるが、多くは実子に恵まれず、そんな大人と、親と離れて暮らす子どもが集う会で、みんなが楽しい時間にしようと努めている感じがした。僕も普段以上に楽しい人間であるように努めた。楽しくも切なくもあった。妻は足の痛みを押してフルーツ園を歩き回って、たくさん歩き回るゲームにもすべて参加し、帰宅後寝込んだ。

誕生日

＊1歳0か月①

赤ちゃんが1歳の誕生日を迎え、すっかりつかまり立ちを余裕でこなすようになり、またハイハイも高速化してますます戦車のような迫力で突き進む。つかまり立ちができるようになってテレビ台に置いていたダルマや温度計などを全部落とす。これまで床に置いてあるものが標的となっていたのだが、低い台に置いてあるものも落とし、紙はぐちゃぐちゃにされて、リモコンはよだれだらけにされる。時々ビニールや紙を食べてしまうので油断ができない。部屋中をあっちに行ったりこっちに行ったりして、手あたり次第荒らす。カバンの中のものまで取り出すようになった。物を盗らない泥棒のようで、母は小さい怪獣と呼んだ。

遠くにいる人を発見するのが好きで、見つけるとニコっと笑って手を伸ばして「抱っこ抱っこ」とせがむ。そして抱っこしてあげるとまた次の人に手を伸ばして、渡り鳥のように人の手を渡り歩く。ハイハイで近くに寄って行き、相手が立っていると、足元に近づいて目的がわからなくなる時がある。足をベタベタ触られるのだが、本人もどうしていいのかわかっていないようなのだ。

うちは商店街なので家が長細く、廊下が長い。廊下には足元の明かりとコンセントがふたつずつ一定の間隔である。コンセントに赤ちゃんが指を突っ込まないように、コンセントカバーを取り付けることにした。カバーをつけながら、切れている豆球を取り換える作業をしていると居間から赤ちゃんが顔をのぞかせてニコっと微笑んでハイハイで近づいてきた。作業が終わって、赤ちゃんが近づいてきているのに、さらに向こうに歩いて行ったら泣いた。かわいそうなことをしてしまった。ごめんね。

赤ちゃんは生後かなりの期間、とっくに退院の時期を過ぎてもそのまま病院に居残っていた。うちに来るまで病院が自宅だった。他の赤ちゃんが数か月で入れ替わってく中、うちの赤ちゃんはずっととどまり看護師のMさんがお母さん代わりだった。ひとりだけ大きかったせいか長かったせいか病室での存在感があったようで、退院する時は看護師さんや先生みんなで寄せ書きまでしてくれて、見送ってくれた。

うちに来て1か月経ってから赤ちゃんの写真を病院に送った。そして誕生日を迎えるに当たって、病院に挨拶をしてみたいと思って連絡した。赤ちゃんなんて病院にとっては何人も入れ替わり立ち替わりで移ろっていくもので、しかも1歳児よりもっと小さくて可愛い赤ちゃんが今もいるだろうから、出て行った赤ちゃんに果たして関心などあるのだろうか。忙しくて迷惑ではないのだろうか。そんな風に思いながらも連絡すると、快く日時を指定してくださった。

当日、行ってみるとMさんだけでなくO室長、他の看護師や先生まで総出で入口に集まって、代わる代わる抱っこしてくれた。赤ちゃんはいつものようにまったく人見知りせず大人しく抱かれていたのだが、そのうち何か思い出したのだろうか、中をすごく気にしていた。中は無菌状態なので部外者は入れず、出口の廊下から中を覗いていた。だんだん調子よくなってニコニコしだして、廊下の掲示板に吊ってあったバイキンマンの人形で看護師さんがあやすと声を上げて喜んだ。黒いものが好きなのだ。

ずっとお母さん代わりだったMさんが抱っこしてくれて、赤ちゃんが喜ぶと思ったら、すぐ次の人に抱っこ抱っことせがんだ。そうして人から人へ次々と渡った。「もっとMさんになついてくれ！」と思った。Mさんは、赤ちゃんがずっと病院服しか着てなくて、妻が買った赤ちゃん服を着せたら感激して泣いた。Mさんはマザーテレサみたいな慈愛に満ちた優しい女性で、そんな特別かわいがってくれていたMさんが抱っこしてくれてるのに他の人と同等の態度ではダメだ。

赤ちゃんのつかまり立ちを見せて、集合写真を撮って、ぐずぐずしていたら30分くらい廊下に立ちっぱなしだった。「またいつでも来てくださいね」と暖かい言葉をいただいた。行ってよかった。今後、赤ちゃんに里子であることや出生のいきさつなどを話す機会があるので、その際にはぜひ病院を訪ねたいし、できれば誕生日の恒例行事にしたい。

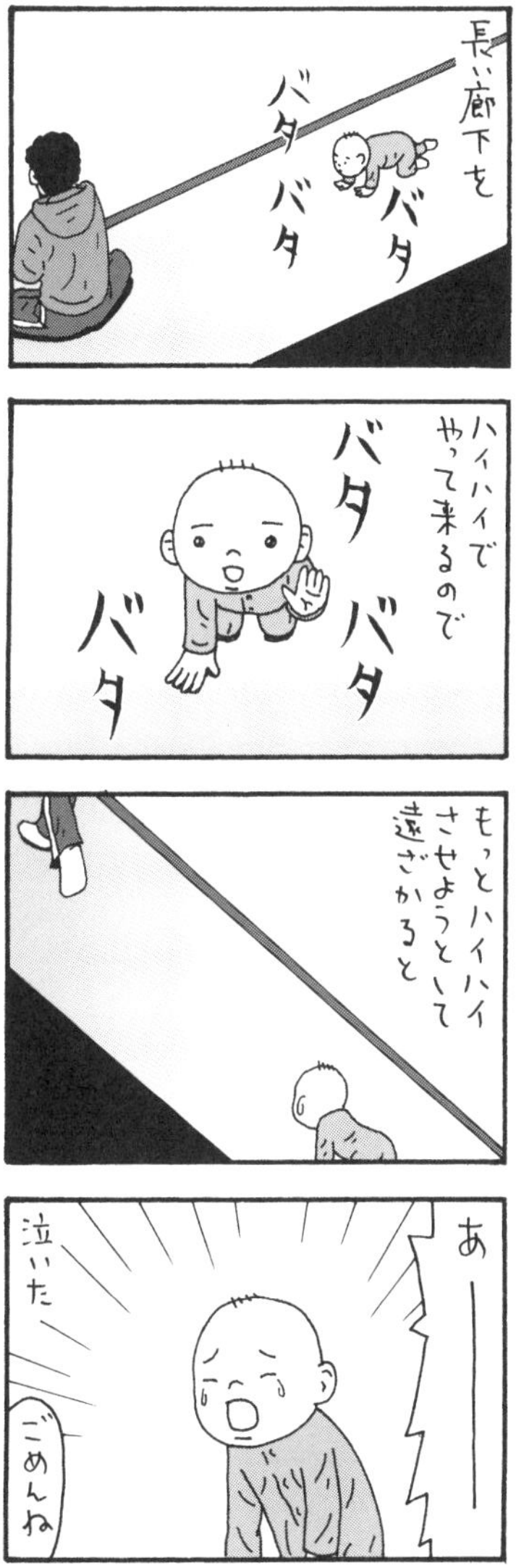

テレビのかほちゃん

＊1歳0か月②

うちの実家はお菓子屋を営んでいるのだが、BS日テレの『三宅裕司のふるさと探訪』という番組で、三宅裕司さんが街を訪れた際に立ち寄って店が紹介された。赤ちゃんは夜、お風呂に入ってしばらく遊んで頃合いを見計らってミルクを飲ませて寝かせつけているのだが、その日はミルクを飲んでいても少しすると寝返りを打って腹ばいになってハイハイをしてベッドの頭の板でつかまり立ちをして無理矢理寝かせて哺乳瓶をくわえさせてもすぐ寝返りをしてつかまり立ちをした。そんなことを繰り返しているうちに、『三宅裕司のふるさと探訪』の時間がはじまった。

寝かせることは諦めて、赤ちゃんと一緒にテレビを観ることにした。と言っても赤ちゃんは絵本を引っ張って乱暴に振り回したり、妻の雑誌をぐちゃぐちゃにしたりしていた。三宅裕司さんが、越乃寒梅で有名な酒屋さんを訪ねた後、うちの店にやって来た。店には店長のかほさんと斉藤さんがいて、三宅裕司さんにお菓子を勧めた。赤ちゃんに「ほら、かほちゃんが映っているよ」と指をさして教えると、赤ちゃんがかほさんに気づいてすごい勢いでハイハイでテレビに突進してテレビ台につかまり立ちをした。いつもかほさんを見つけると、両手を精いっぱい伸ばして「うーうーうー」と抱っこをねだるのだけど、つかまり立ちして「うーうーうー」とテレビに向かって言った。

テレビに映っていることをちゃんと理解している。赤ちゃんはひょいひょいとつかまり立ちをするのに自力で座るのが苦手で、番組のうちの場面が終わると、こっちを振り向いて手を伸ばした。手を取ってあげると、それを支えにして腰を下げて床に座った。

その後、妻が風呂からあがり、テレビにかほさんが映った途端すごい興奮したことを告げて、追っかけ再生でまた赤ちゃんに見せた。同じ場面がテレビに映っても、赤ちゃんは妻がソファーで暑い暑いと団扇で扇《あお》ぐ様子ばかりを見ていた。

誕生日プレゼントで買ったアンパンマンの太鼓を僕が叩いていると赤ちゃんが寄って来て、スティックを奪う。そうして両手にスティックを持ってぶんぶん振るのだが、スティックを振る行為と太鼓を叩く行為が連動していないようで、空中で振り回しているだけなのだ。

里親会のビンゴで妻がもらったアンパンマンの鉄琴で妻が『かえるの歌』や『キラキラ星』『踊るポンポコリン』などを叩いていると、赤ちゃんがスティックを奪う。奪ってスティックを振るのだが鉄琴の鍵盤に当たらず枠にバチバチ当たる。

バイバイもやろうとしているようなのだが、手を前後にパタパタさせていて、ちょっと違う。拍手もやろうとしているのだが、手は当たっているけど音が出るには至らない。人間はこんなこともできずにはじまるのかと気づかされる。生まれて1年経っているのにこんな状態で猫のほうがよほどしっかりしている。お座りが上手になったのと離乳食が食べられるようになったのとつかまり立ちと伝い歩き、そこから自力で座るのは苦手で、ひとりで眠ることすら苦手で、目を覚ます度にいちいち泣くとは未熟にもほどがある。

髪が伸びてきて、目に入るので前髪をちょっとハサミで切った。一瞬で切らないと嫌がるので、前髪の長いところをつまんでさっと切ったら前髪がパリコレモデルのような斜めになってしまった。後から妻に聞いたらハサミは縦に入れるとのことだった。店の人にも「誰が切った？」と気にされた。

午前中と午後、店の人に赤ちゃんを預かってもらっている。通りすがりに覗くと作業台でつかまり立ちしたり、工場の作業台でハイハイして遊んだり、店員が抱っこしてお客さんに挨拶させたりしている。ずっとそんなふうに毎日を過ごしているので人見知りがまったくなく、誰かに抱っこされて嫌がったことがない。そのうち我々の知らない顔見知りができているかもしれない。

3回目の鼻水

＊1歳0か月③

赤ちゃんがまた鼻水を垂らしはじめた。これで3回目だ。前回は鼻炎のまま風邪を引いてしまい、鼻炎と風邪の境目がわからなかった。耳鼻科は待ち時間が長く、毎日朝夕で通うのは感染リスクが高いので、小児科に行くことにした。お世話になっている小児科は専門医院なので、院内感染に対する意識が高い。受付をすると、大体の待ち時間を教えてくれて、順番が近くなると電話をくれる。それまで帰宅して待っていることができる。妻が連れて行って、鼻水を吸ってもらって薬をもらって帰ってきた。鼻水は検査されて何日か後に鼻炎なのか風邪なのか結果を教えてくれる。子どもの風邪は強烈なので、風邪じゃなければいいなと思った。

毎月のように鼻水を垂らすようになってしまった。保健師さんが来たので聞いたところ、子どものうちにいろいろな病気にある程度かかったほうが、免疫力がつくそうだ。

鼻水を垂らしていても元気いっぱいで立ったり座ったりハイハイしたり動き回っている。鼻水をティッシュでぬぐうと怒る。つかまり立ちをして自力で座れず助けを求める場面があったのだが、それも少なくなってきて、すとんと落っこち気味に座るようになった。廊下をどこまでもハイハイで突き進む。突き当りには仏間があり、仏壇が大好きになった。灰をひっくり返しそうでハラハラする。おりんや木魚をバチで叩いたり、バチをしゃぶったりする。アンパンマンの太鼓も上手に叩けるようになった。

拍手が、両手を合わせてパチパチとかわいい音が出るようになった。目についたものを指さし、パチパチと手を叩く。エアコンを指さして手を叩き、テレビを指さして手を叩く。ドラゴン藤波辰巳《ふじなみたつみ》がタッグマッチでコーナーで待機している時に、レフリーに相手の反則を指摘し、観客に対してアピールする時にしていた動作に似ている。『KAMINOGE』を読んでいて思い出した。

バイバイもできるようになって、誰かがバイバイと赤ちゃんに向けてすると、バイバイを返す。テレビのバラエティのエンディングで手を振っている人にも返していた。

言葉はまだ何ひとつ喋れないのだが、「ダーダーダーダーダダーダダーダー」と歌うように喋っていた。他にもいろいろ言葉にならない言葉を話している。

食事にはいまだに興味がなく、毎回口の前にスプーンを突き出されたら仕方がない、食べてやるかと言わんばかりのつまらなそうな表情で食べている。時に、ため息をつきながら食べていて、時々おいしいと感じるものがあると舌うちをする。どっちにしても感じが悪い。食べていてもしばらくすると飽きて、嫌がり、顔の前に突き出されたスプーンを手で払う。スプーンに載っていた食べ物があたりに散らばる。保健師さんに質問したら、うちの子はまだ食事するほうだという。食べない子はとことん食べないそうで、まだ口を開けるだけ上等だそうだ。もう大人と同じものを食べさせてもいいとのことだった。

ハイハイや伝い歩きで好きに移動するようになり、移動先を荒らしまわる遊びをするようになり、抱っこ抱っことせがむ回数や抱っこしている時間が減った。「ハイハイするようになると目が離せなくなるからもっと大変だよ」「歩くようになるともっと目が離せなくなる」と言われていて、今はハイハイの時点で、動けなかった時よりは楽な印象がある。ひとりで遊んでくれて助かっている。時々抱っこしろと両手を伸ばすので抱っこしてあげると、足をバタバタさせて嬉しそうにする。赤ちゃんを置いて部屋を出なければならない時に、そっと赤ちゃんを置こうとすると上目づかいで振り向き、刑事のような疑り深い目つきで見られた。心の奥まで見透かすような目つきだった。

小児科に行って数日後。検査の結果、今回の鼻水は風邪ではなく鼻炎だった。

ゴンズイの毒とうんち

＊1歳0か月④

汚い話なので注意してください。

ゴンズイという魚の胸びれと背びれのいちばん前には毒針がある。その魚を夜釣りで釣って持って帰ろうとバケツからクーラーボックスに移す時に右手親指に刺さってあまりの痛さに悶絶した。その日の早朝に刺されて9時をまって近所の外科に行って治療してもらって、夕方まで痛かった。痛みを感じながら寝ていると悪夢ばかりを見た。

寝ていると、妻に起こされた。赤ちゃんがうんち漏らした。下痢気味のゆるいうんちが大量に出て、うっかり気づかないうちに居間中うんちまみれにしたとのことだった。廊下にもぽたっとうんちが落ちていて、お風呂場で赤ちゃんのうんちを流すのを手伝った。腰までうんちがべっとりついていて、オムツを外して服を脱がせてシャワーで流した。その時、うんちに血の匂いを感じてむわっと息がむせた。黄色いうんんちまみれなのに赤ちゃんがヘラヘラ笑っていて、「こんなに汚ねえのに平気なのかよ」と、赤ちゃんがうちに来てはじめて嫌な感じがした。

僕の右手は包帯でぐるぐる巻きで、今日は濡らすなとお医者さんに言われていたので、うんちの掃除は妻がやってくれた。その間、赤ちゃんに服を着せて面倒を見ていた。赤ちゃんは妻の部屋のテレビ台でつかまり立ちをしていた。その腕を見たら黄色いうんちが残っていた。赤ちゃんを抱いて洗面所で腕を洗った。腰から下だけでなく全身洗えばよかったと後悔した。赤ちゃんは頭や顔を濡らすと泣くし、水のついた手で自分で顔を触っても泣く。妻の部屋でもうんちの血の匂いがしているような気がしていたら、うんちをきちんと洗えていなかった。腕を洗っただけでいいのか、着替えた服も脱がして洗うべきなのではないのか、頭からシャワーで洗ったほうがいいのではないだろうか、妻の部屋で赤ちゃんが動いた場所を全部に雑巾がけをしたほうがいいのでは、いろいろ考えたんだけどゴンズイの毒で指が痛い。赤ちゃんの服を見たけど、うんちがついている感じがしなかったのでそのままにした。

部屋で寝ていても赤ちゃんのうんちの血のまじったような匂いがするような気がして胃が気持ち悪かった。それ以上にそのまま赤ちゃんのことを嫌いになってしまったらどうしようと不安でしかたがなかった。

赤ちゃんのほうも空気を察知するのか、弱っている人にあまり近づかない。妻が足の指を骨折した時も妻にあまりアピールしなかったように、僕が本当にぐったりと弱っていると抱っこをせがまない。可愛らしい笑顔で手を伸ばしてくれることもなく、僕のほうも嫌悪感を抱いてしまい、距離を感じた。血のつながりがない分、距離を感じてしまうともう取り返すことができなくなるのではないかと不安だった。

それから何日かしても、ゴンズイに刺された指が痛痒く、時々胃がもたれる感じがした。まだゴンズイの毒がちょっと残っていてそんな症状なのかもしれない。赤ちゃんも固めのうんちが出るようになって、血の匂いを感じず、うんちと胃もたれは関係ないことがわかった。要するに弱っている時に刺激の強い匂いに負けてしまったのだろう。毒で弱っていなければ赤ちゃんがうんちまみれでも嫌だと思わなかったのかどうか、それはわからない。

毒の痛みから解放され元気になると、赤ちゃんはまた「抱っこ抱っこ」となついてくれるようになって、それはもう至福の喜びで抱っこせずにはいられず、「やっぱりかわいいな！」と感じることができて心底安心した。

妻の部屋のソファーを仏間の隣の部屋に移動させた。妻の部屋から廊下を歩いて、居間を抜けて、玄関の前を通って廊下を歩いて仏間の隣の神棚のある部屋に運んだ。居間で遊んでいた赤ちゃんがその3回の往復に興奮して、廊下をバタバタとハイハイで行ったり来たりした。居間以外は冷房がないので、暑くないのか心配だったが、ずっとハイハイして部屋や廊下を出入りしていた。赤ちゃんは常に人の作業をじっと見る。大人の男がでかい荷物を運んでいるのが面白かったのだろうか。赤ちゃんは汗だくになって、汗で髪の毛をべっちょり濡らして嬉しそうにハイハイしていた。髪が濡

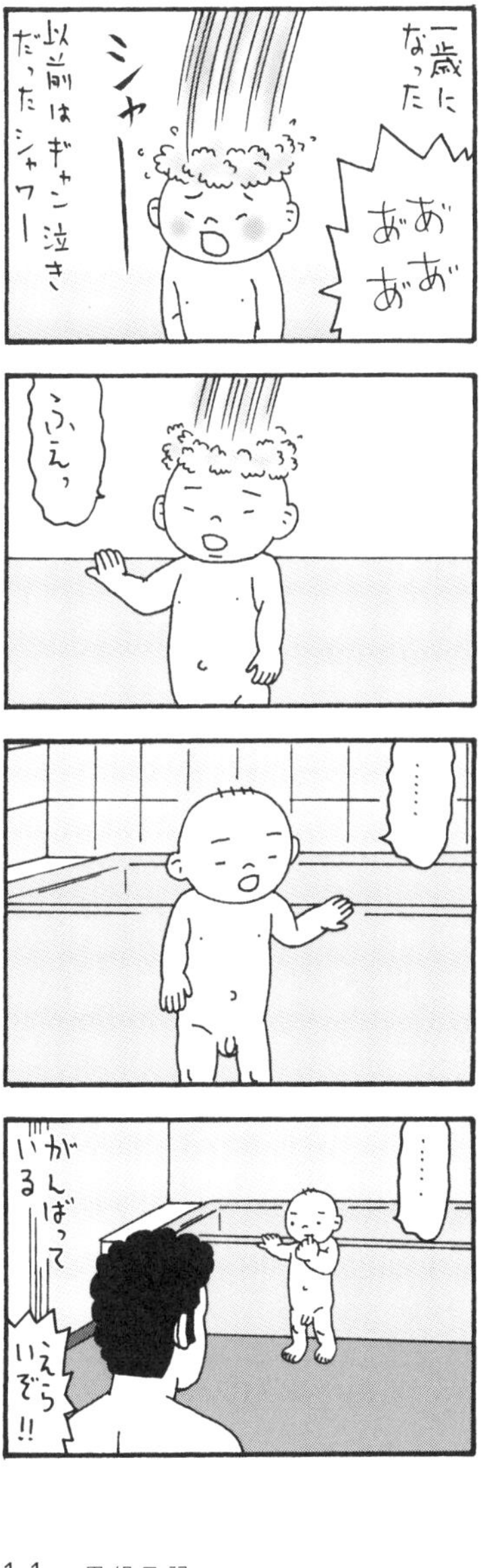

れるとくせっ毛でチリチリになってかわいいなあと思った。

僕も汗だくになったので、赤ちゃんと一緒にシャワーをした。もう顔が濡れても泣かないと言われ、まったく半信半疑だったのだが、首までシャワーを当てても泣かない。後頭部にシャワーを当てても泣かなかった。前はシャワーの音を聞いただけで泣いていたのに！　とにかく髪が汗でぬれているので、頭を洗わなければならない。赤ちゃんの顔を上に向くようにしてシャワーを前から頭に当てると、水が顔にもたれた。すると「ふえっ」と泣きそうな声を出したが、そこで声はとまって泣かなかった。泣くのをこらえているのか、泣くほどでないと判断したのかはわからないけど、泣きそうな声を一発出しただけだった。

赤ちゃんは横にならない

＊1歳0か月⑤

赤ちゃんは横にならない。うちの赤ちゃんに限ってのことなのだろうか。自分からはまず寝ないし、寝かせるとすごく嫌がるようになった。うんちをしてオムツを換える時はどうしても寝かせないといけないのだが、すぐ寝返りを打とうとするからオモチャを持たせるなどしないといけない。固いうんちなら、オムツを脱がせて立ったままお尻をふくこともある。

疲れて横になるようなことがないし、眠ることも嫌っているようですらある。元気の塊だ。眠くて仕方がない時に不機嫌になって泣くのは、眠ることが嫌で泣いているようにも見える。眠る前もやたらと寝返りをして、四つん這いになろうとして力尽きて崩れるように眠る。テンカウントで立てないボクサーのようだ。

起きている時は、お座りか、つかまり立ち、ハイハイ、抱っこの姿勢だ。なぜ寝なくて平気なのか、横になりたくないのか不思議だ。いつまでもこうなのだろうか。

食事中もじっとしていない。抱っこして食べさせていてもすぐ飽きて、ハイハイでテーブルの下を這い回って母のところに行ったり妻の足を触ったりして、テーブルの下から顔をだして、行った先の人が食べさせる。立ったまま食べさせている。それも飽きて、しばらく時間を置いて2時間くらいかけて食べさせることがある。

そんな様子に、母の友だちが「決まった時間、決まった場所で食べないなんて信じられない」と言った。よその赤ちゃんはそんなに聞きわけがいいのかと逆に驚きである。うちの赤ちゃんは何も言うことを聞かず、今後聞くとも思えない。とんでもない聞かん坊なのだろうか。

赤ちゃんがマラカスなど手にものを持っていて「はい」とこちらにかざすことがある。「ちょうだい」と言ってもらおうと手に取ろうとすると、手に力をぐっとこめて絶対に渡してくれない。無理矢理取るとすごく怒る。人にものを与えられる子に育って欲しい。

母が赤ちゃんを歩かせる練習をよくしている。赤ちゃんの両手を持って立たせ、母が後ろに歩いて赤ちゃんを前に一歩一歩、歩かせるのだ。僕にはそのような歩く練習をさせる発想がなかったので、感心した。そうやって歩いてお風呂のお湯を張りに連れていく。そんなある日、母が赤ちゃんの両手を持って立たせて、その手を離した。すると何秒間かそのまま立って2、3歩歩いて母につかまった。「立ってる！　歩いた！」と驚いた。赤ちゃんは時期が来れば自然に立つようになると思っていたので、そんな練習にも驚いた。僕も妻も新しいことにそれほどチャレンジングではないので母がいてくれて助かっている。

座卓

＊1歳1か月①

居間のカーペットをござに替えるついでに、テーブルを座卓に替えた。すると赤ちゃんがつかまり立ちをして、なんとテーブルによじ登ってテーブルの上で遊んでいた。上半身をテーブルに預けて、足を浮かせて、その足をテーブルの縁にかけて見事に上がった。ほれぼれするような見事な体の動きであった。テーブルの縁にお座りして、ソーメンを食べた時に置いていた追い鰹汁のペットボトルでテーブルの上から床を叩いて遊んでいる。行儀が悪い上に危険だ。ほれぼれしている場合ではない。台所からそんな様子を見ていたら、赤ちゃんがテーブルから落ちた。「やばい！」と思って近づくと、ちょうど厚手の座布団の上にころんと回転しながら落ちたようで、ニコニコしていた。

まだ言葉も通じない相手に何を言っても無駄だと思って、これまでほぼ赤ちゃんのなすがままにさせていた。触って欲しくないものを高いところに置いたり、赤ちゃんを抱いて遠ざけたりした。ハイハイするようになると目が離せないとは言われていたけど、まさにその危険と直面している。

赤ちゃんに言い聞かせようとするなら、赤ちゃんの目をしっかりと見て低い声で話すとよいとのこと。妻が2ちゃんねるの育児板1歳児スレッドで調べた。

そんな話を聞いていたらまさに赤ちゃんがテーブルに上がった。「テーブルはあがっちゃダメ！　めっ！」とドスを効かせて大きめの低い声で言うと、赤ちゃんがびっくりしてテーブルから落ちた。真後ろに落ちてゴチンと音をさせて後頭部を打って泣いた。泣いている赤ちゃんを抱いて頭を撫でた。幸い怪我はしていないようだった。

本当に危ない。頭から落ちてからまだ間もないというのにまたテーブルに上がろうとするので、「テーブルはあがっちゃダメだよ！　危ないでしょ。さっき頭ごっちんこしたでしょ！」としっかり目を見て言うと、なんと赤ちゃんがテーブルに上がるのをやめた。それからテーブルには上がろうとしなくなった。

言葉が通じない相手に何を言っても無駄、うちの赤ちゃんは大変な聞かん坊などと、勝手に決めつけていたのは我々大人であった。しっかり言い聞かせればちゃんと言うことを聞く素直ないい子だったのだ。ただ食事の時は一切じっとしておらず、ワーワー騒ぎ出したらまったく手がつけられない。

その日は、食事の最中にハイハイで台所に向かう赤ちゃんの手を妻がつかんだら、勢い余って転んで後頭部を床に打った。赤ちゃんは泣きながら、指で後頭部を差し「ここが痛い」と恨みがましい目で妻を見た。

いないいないバーがさっぱり受けなくなってかなりの月日が過ぎたのだが、赤ちゃんのほうからいないいないバーをするようになった。テーブルの下にしゃがみ込んで勢いよく立ち上がって「あーーーー!」と叫ぶ。にしおかすみこのように叫んでびっくりさせているようなのだ。赤ちゃんがテーブルの下に隠れている時に「あれ? いないぞ。どこ行ったのかな?」と探す芝居をすると、赤ちゃんが立ち上がって叫ぶので「いたー!」とリアクションしてあげると、大喜びで「ハハハハハ」と笑う。受けるのが嬉しいようで、何度も繰り返す度に「いないな〜、いたー!」とリアクションする。そのうち赤ちゃんが明らかにしゃがんでいる時に目が合っていても「いないな〜」と探す小芝居をして、立ち上がって「いたー!」と言ってあげると、その後に「あーーーー!」と叫ぶので意図がわからなくなってくる。それで嬉しそうにしているからいいのかな。

以前からリモコンが大好きなのだが、最近はリモコンを手に取るとテレビに向けてボタンを押すようになった。Eテレを見せているのに、日テレに換える。スマホを持つと耳に当てる。食事の時に、大人からスプーンや箸を奪って、皿に突っ込んで、口に運ぶ。残念なことにスプーンが裏返っていて汁が数滴くっついているくらいだ。でもこうするとこうなるという仕組みを理解しつつあるような感じで実に頼もしい。

食事がまだ上手ではなく、あまり量を食べないためか、まだまだミルクを離せない。寝る前に飲んで、夜中も2回飲む。風呂上がりでまだ体がホカホカしていて、オムツ

一丁で遊ばせていて、寝る前のミルクを作って置いていていたら勝手に取って飲みはじめた。お座りしながら、上手に哺乳瓶を上向きにして飲んでいた。飲みながら真後ろにひっくり返ってしまっても、全然気にせず飲み続けた。

激しいハイハイ

＊1歳1か月②

赤ちゃんに「シャワーするよ、来る？」と声をかけると、居間から風呂場まで手をバッチンバッチンと床を鳴らしながら廊下をついてくる。頑張って何度も角を曲がってお風呂に来たのに、シャワーで顔を濡らされて泣いてしまうのだ。

風呂場で、湯船に手をかけてつかまり立ちをさせながら、服を脱がせてオムツをとって、シャワーをかけて汗を落とす。あせもができるとよくないので、僕が汗をかいた時のついでや、うんちをした後などもシャワーで全身を流すことにしている。石鹸を使うのは夜に、一日一度だけ。

街が主催している赤ちゃんの集まりが午前と午後にある。妻が何度か連れて行っていて、それについて行った。もう立って歩いたり走ったり話もできる3歳くらいの子どもから新生児までがいた。広々とした部屋で、床はクッション性の高い素材で、おもちゃがたくさんあった。ひとしきり遊んだ後、係の人が、手遊びと歌の指導もしてくれた。その日は『げんこつ山のたぬきさん』だった。

親が座って、子どもを膝に乗せて一緒にやるのだが、うちの赤ちゃんはすぐそこからハイハイで行きたがって、何度も足を引っ張って元に戻した。歌で興奮しているようで、とうとう逃げられた。手を肩の高さまで上げて、床にたたきつけてバッチンバッチン鳴らしながら「あーーー！」と叫びながら凄いスピードで激しくハイハイしていると、他の赤ちゃんもぞろぞろついて行った。部屋の隅の手洗い場に赤ちゃんが4人集まってみんなでつかまり立ちしていた。ロックスターのようだった。4人で洗い場の排水口の丸い金属を触っていた。

この日は、身体測定もあって、身長と体重を測ってもらった。といっても服を着たままなのであまり正確ではなかった。71センチ、8・3キロだった。10キロくらいありそうな気がしているので意外と小さいといつも思う。

大人が使っているマグカップに入っているものを飲みたがる。今朝は豆乳を母が飲んでいて、欲しがるので口をつけてないほうからあげると、ごくごく飲んでいる。戻すとすぐにまた「うーうー」と欲しがって、飲ませるとこぼした。こぼれた水たまりに手を当てて雑巾がけするようにテーブルに広げる。どうもそれが大人が困るとわかっていてやっているようなのだ。

テーブルに上がるのを叱ったら、上がるのをやめてくれていたのだが、今朝はまた登ろうと片膝をテーブルの縁にかけた。「ダメだよ、上ると落ちて頭ゴッチンになるよ」と言うと、膝をかけたまま動きを止めて、探るような目つきでこっちの顔をじっと見ている。その後も、何度も膝をテーブルの縁にかけて、こっちを探るような目つきで見るのを繰り返していた。結局テーブルには登らなかった。でも、大人を試しているような、からかっているような変な楽しみ方をしているのではないだろうか。恐

つかまり立ちをしていると思ったら
手をはなして
ぱっ
自力で立っている
ゆら
ゆら
どうだ
ニカッ
と言わんばかりの誇らしげな顔をする

ろしい赤ちゃんである。

従業員の斉藤さんが作業台で、赤ちゃんの手を支えて立たせて、手を離すとそのまま何秒かグラグラしながら立って、斉藤さんに歩いて行って体につかまるというようなことをしていた。テーブルにつかまって立っていると思ったらいつの間にか、手を離してしばらく立っていたこともあった。今朝、僕が座って食事をしていると、左腕につかまって立っていた。その手を自分でパッと離して、「また立つのか！」と思ったら、離した途端後ろにしりもちをついた。しりもちをついたのに何もなかったように涼しい顔をしていた。

赤ちゃんの眠りについて

＊1歳1か月③

赤ちゃんは眠る時なぜ泣くのだろう。眠るのは気持ちよくないのだろうか。男の子は寝るのが下手で、なかなか寝られなくて泣くという話を聞く。女の子はすんなりとすやすや眠るのだろうか。確かにうちの赤ちゃんも眠いのに眠ることができずに泣いていることがよくある。眠気がつらくて泣いているようだ。だったら寝ればいいじゃないかと思うのだが、それができなくて泣いているのだろうか。眠いのに眠ることができない、その感覚が自分にはないものなので丸っきり理解できない。

確かに眠いけどなぜか神経が張りつめていて眠れないといったことはごく稀にある。不眠症の人は毎晩そうなのだろうか。また、翌日予定がある場合は緊張して眠れず、起きる時間の直前30分前に急に眠気が来てつい寝過ごしてしまうなどということもある。

しかし、だからといって泣くほどなのだろうか。うちの赤ちゃんはびっくりしたり、部屋にひとりにすると泣く。しかし痛みにはとても鈍感で、注射の針が刺さってもしばらく泣かない。「大丈夫かな？」と思っているとわーっと泣き出す。しかしすぐに泣き止む。義理やお約束を理解して泣いているのではないかと勘繰ってしまうほど弱くて短い泣きだ。顔を柱の角にぶつけても、頭を車の天井にぶつけてもケロッとしている。いちばん泣くのは孤独な時だ。

赤ちゃんが泣くのは寂しいからなのだろうか。眠りの孤独な世界が寂しくて泣いているのかもしれない。眠ってひとりきりになるのが嫌で泣くのだろうか。

うちの赤ちゃんは横になることすらしない。僕がひんやりシートの上で寝そべっていると、肌触りがいいから顔をシートに押しつけたままハイハイでこっちに進んで来る。そのまま、体をくっつけてじっと寝そべるかと思ったら、すぐに体を起こしてお座りして転がっているオモチャで遊んだり、僕の体によじ登ったりする。

いまだに寝かしつけはミルクを飲ませて行う。それは寝ている姿勢を哺乳で誤魔化しているのだ。あったかいミルクを胃に流し込んでその気持ちよさと美味しさで寝かせている。僕が寝かしつけをすると、ミルクをちょっと飲んではお座りしたりつかまり立ちをしたりと遊びはじめて、全然寝ないことがある。妻は「お母さんも私もいつも寝てくれる。何かひょうきんなことしてるんでしょ！」と怒り心頭であった。一日中赤ちゃんの面倒を見ていて、風呂上がりに寝ている赤ちゃんを見てようやく解放されるというのに、全然寝ずに起きているとガッカリするのだ。

仕方がないので、赤ちゃんを抱っこひもで抱いて外を歩いた。裏の神社の横を通って線路を渡り、線路横を歩きまた線路を渡って家に戻る、電車を見せるための夕方の散歩コースだ。この散歩をするようになって、膝の痛みがなくなったような気がする。また、先日の健康診断で身長が1センチ伸びていた。今は、夕方も暑くて外を歩くこ

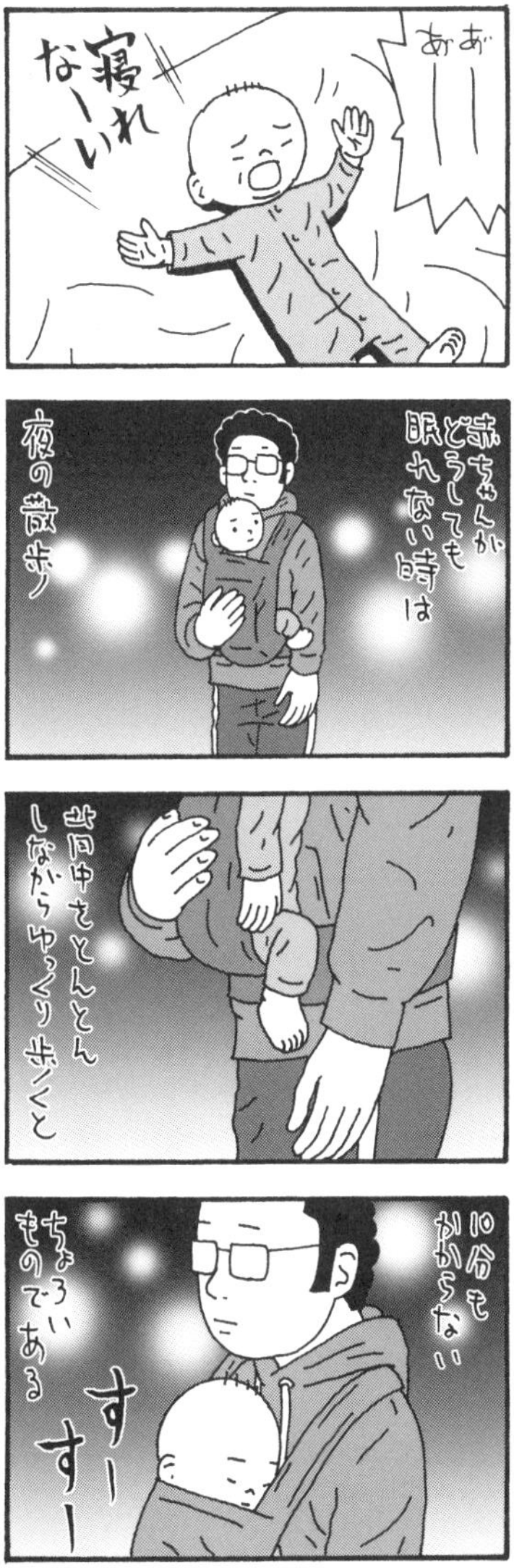

とができないが、夜ならそれほど暑くない。歩いている途中、線路を渡ったあたりで足首を蚊に刺された。リズムを崩すと赤ちゃんを寝かせられないのでそのまま歩いた。赤ちゃんの手がだらんとした。線路の横を歩いていると、遮断機が降りて警報がカンカンなり出した。その遮断機に近づくと警報の音が大きくなってしまうので、その場で赤ちゃんのお尻を手で歩くリズムで叩いた。電車が迫り来てゴーッと通り過ぎる音と窓から漏れる光で赤ちゃんが目を覚ました。頭を激しく左右に振って電車の行方を追った。せっかく眠ったのに残念に思っていたのだが、またすぐだらんと寝た。赤ちゃんが寝やすいようにゆっくりしたペースで歩いているのにも疲れて普通の速さで歩いた。そのまま帰宅して妻のベッドに寝かせた。珍しい仰向けでの寝姿はすっかり大きくなっているように見えた。

このようにミルクで寝ない場合は体を起こした状態で抱っこして寝かせなければならず、やはり寝そべった状態ではまったく寝ない。赤ちゃんの眠りについて考えていると不思議な気持ちになる。

はじめての海

＊1歳1か月④

お盆になる前に赤ちゃんを海に連れて行った。阿佐ヶ谷にある「よるのひるね」の門田さんに、金太郎の腹当てをいただいた。水色の腹当てだった。僕が赤ちゃんのときに家族で海水浴に行った時、腹当てだけしてお尻を丸出しにして砂遊びをしている写真があった。それも同じ水色で、何かの因縁を感じ同じ写真を撮りたかった。でもお尻丸出しにはせず、オムツはしていた。

昼間は暑いので、夕方行くことにした。妻と母と赤ちゃんと4人で行った。道が混んでいて到着する頃には赤ちゃんは寝てしまった。せっかく着いたので赤ちゃんを車に残して交代で水辺に行っているうちに目をさましたので水辺に連れていくことにした。穏やかな波で人ごみもなく、近くではおじさんがお風呂のように水につかって水面から顔を出していた。

去年の夏はずっと病院にいて、はじめての海だ。駐車場から海に抱いたまま歩いていくと、赤ちゃんが不安そうな顔をしていた。穏やかな波と夕暮れの陽射しで何も怖いことなどないはずなのに、水際について、抱いたまま僕が海に足を踏み入れると泣き出した。ほんの水際で、赤ちゃんを海につけると足首の深さなのにギャンギャン泣き出して、声を限りに泣いた。

しばらくそうしていると慣れて泣き止むかと思ったがまったく泣き止まず声を枯らすばかりなので、抱いたまま写真を何枚か撮って戻った。全部泣き顔の写真だった。

人でも物でも怖がって泣くことはあまりないのに、海は怖くて泣いているようだった。たしかに水は苦手でいまだに頭からシャワーを当てると少し泣き声を漏らす。しかし、足首の深さの水が怖かったわけではなさそうで、海全体に恐怖したような泣き方だった。生命の根源である海の巨大さに圧倒され、畏怖したのだろうか。

電気を消した暗い廊下を歩くときに怖がらせようとして「〇〇ちゃんは暗闇に取り残されてひとりぼっちになるよ。パパはいなくなっちゃってひとりで真っ暗闇の中、呼んでも泣いても誰も来てくれないよ。どうするの？」とささやいてもケロッとしている。言葉が通じないので仕方がないけど、暗闇も全然恐れない。

海の翌日、赤ちゃんが長く入院していた病院の看護師さんがふたりで遠くから訪ねてくださった。赤ちゃんは興奮して、最近できるようになったつかまり立ちから手を離して、数秒立ったままいるのを何度もしたり、手をつかまれたまま歩いて見せた。

　入院中の赤ちゃんは毎晩夜中になるとすごく泣いて、当直の看護師さんが毎晩おんぶしていたそうだ。ほぼ全員の看護師さんがおんぶしてくださっていたとのことだった。おんぶさえすれば泣き止むから楽だったとおっしゃった。

　ひとりの看護師さんは妊娠していらっしゃって、もうすぐ生まれるとのことだった。なんとその方はうちの赤ちゃんと誕生日が一緒だそうで、何人も赤ちゃんは見て来た

けどいちばん好きな赤ちゃんとおっしゃってくださった。遠くで普段会うこともないけど、優しい気持ちを持ってくれている人がいる。心強い味方がいる。

赤ちゃんは興奮して騒ぎ過ぎたせいか、その日の夜はたくさん泣いた。

96歳の祖母が入所している介護施設に赤ちゃんを連れて行った。祖母は最近そうが多くなったためか、介護のグレードが上がって、厳重に鍵がかかる部屋に移った。以前より殺風景な場所で、元気のない老人が多い。それ以上進行しないようになるべく顔を出して刺激を与えようという方針で、もっとも祖母のテンションが上がる赤ちゃんを連れていくようにした。

6時から夕食で、5時に行くともう食堂にいた。食堂だと他のおばあちゃんにも赤ちゃんを見られて、若干気まずい。老人は赤ちゃんを好きな人が多いようで、廊下を歩いているだけで大注目される。自慢して連れて歩いているようだ。若干自慢している気持ちもなくはないため、余計に控えたい。

食堂で祖母に抱っこさせて、体を触らせていると他のおばあちゃんも「かわいいねえ」「何歳なの?」と声をかけてくれる。赤ちゃんは全然物怖じせず、あちこちのおばあちゃんを指さすと祖母が「あっちのおばあちゃん」「こっちのおばあちゃん」と声をかける。次々赤ちゃんが指さすたびに「あっちのおばあちゃん、こっちのおばあちゃん、あっちのおばあちゃん、こっちのおばあちゃん、おばあちゃんばっかでしかたがねえなあ」と漏らすので、笑いをこらえきれなかった。身も蓋もなく、祖母にしか言えない言葉であった。

最近好きな遊び

＊1歳1か月⑤

僕が丸太を転がす要領でゴロゴロと横に転がってバッと顔を向けるのが赤ちゃんに最近受ける。転がって近づいて顔を見せるのがびっくりするのかと思ったら、転がって遠ざかるのも受ける。顔をくしゃくしゃにして「あああ！」と叫んで興奮する。なんでそんなのが面白いのだろう。

Vサインのように指を足に見立てて「トコトコトコトコ」と言いながら床を歩いて、赤ちゃんの足からお腹、肩、腕を這い回させるのも身をよじって嬉しそうにするけど、嫌がっている感じもする。ゆっくり歩くより、素早く歩かせるほうが迫力があるようで受ける。

かくれんぼも好きで、居間の入り口にある台所と廊下の間の柱に隠れて名前を呼びかけて、台所と廊下のどっちかからばっと出てくるのを、赤ちゃんがどっちか予想して、当たってても外れてても嬉しそうにする。しばらくそうしているとハイハイで近づいてくるので、柱の裏側に隠れて惑わすとすごく興奮して素早くハイハイで追いつこうとする。

赤ちゃんのほうが隠れて、探させるのも好きで、台所の角のギリギリにいる時に「あれ？ どこかな、いないぞ～」と言うとひょいっと顔を出すので「いた！」というと嬉しそうにしてまた顔を隠す。生意気なことに、「どこかな～」と言っているとタイミングを見計らって焦らすのだ。それで出てきた時に「いた！」と言うと嬉しそうにする。何度もやっていると雑になって、顔を隠さず、振り向いただけで隠れているこ

とにしている。

よく遊ぶオモチャはヤカンとアルビレックス新潟のポスターを丸めた筒。ヤカンは本体もフタも好きで、フタはエアホッケーみたいに床にこすりつけて遊んでいる。いったい何がそんなに面白いのか意味がわからない。ポスターの筒は振って遊んでいる。全体的に細くて長いのが好きなようだ。

ちゃんとしたオモチャはそれほど興味を示さず、スマホやリモコンがとにかく好きで、大人のカバンも好きだ。カバンから中身を次々に取り出して遊ぶ。鍵も好きで、大人が大事にしているものほど欲しがる。どうすればいいのだ。

以前ほどなんでもかんでも口に入れなくなってきていたのだが、アンパンマンカレーの箱はずっとしゃぶっていて、紙がベロベロになって食べそうだったから取り上げたら怒った。妻のスリッパも前はよくしゃぶっていたのだが、しゃぶらなくなった。食卓のお皿や茶碗はすべてひっくり返そうとしていたのが、やろうとする頻度が減ってきているような気がする。

「アンパッマン」と言った。「アンパンマンマン」のことを言っているのだ。おお！　はじめての言葉だ！　と思って、また言わそうとしてアンパンマンを指さして「これ何？」と聞くと「アンパッ、アンパッ」としか言わなかった。惜しい。

「ママは誰？」と妻が聞くと妻を指さしたので、おお！　と思ったのだが、「パパは？」と聞くと母を指さした。もうちょっとだ。「パッパッ」と時々言うけど僕のことを言っているのではなさそうだった。

つかまり立ちから、両手を離して熊のようなポーズでゆらゆらと数秒間立つ。またつかまったり、しりもちをついたりしながら懸命に立つ練習をしている。立っている時は誇らしげな表情をしている。やれと言われたわけでもなく、自発的にそんな練習を繰り返している。チャレンジングな精神が素晴らしい。

食事

＊1歳2か月①

赤ちゃんは1歳2か月になった。ちょっと前までは口の前にスプーンをかざすと、無条件にパクッとくわえて、気に入れば咀嚼《そしゃく》して飲み込むし、気に入らなければべーッと吐き出していた。なかなか気難しくて、ちょっとでも固いとすぐに出すし、はじめての食べ物はとにかく1回は吐き出す。1回吐き出しても何度か食べさせないと好き嫌いが判断できない。

ところがここ数日、食べ物を指で差して指定するようになった。指定以外のものを食べさせようとするとプイっと横を向いて口に入れるのを拒否する。昨日は、カボチャの煮つけ、卵サラダ、ひじきご飯の3点盛りと味噌汁で、カボチャがお気に入りのようでカボチャばかりを指さした。他の料理も食べさせなければならないので、カボチャをスプーンで取った後にご飯を乗せて食べさせると、ご飯も食べてくれた。

しかし、指さしによる指定も割といい加減で、指定通りにスプーンでとっても横を向くことがあり、なんだよ~と思う。

子どものうちから濃い味に慣れるのはよくないとのことで、薄味にしていると、全然食べてくれない。いくらかけてもそれほど味付けが濃くならない、赤ちゃんフリカケで誤魔化している。

味付け海苔が好きなようで、口の周りを海苔をくっつけてヒゲみたいにしてずっと食べている。食べているようで、実はしゃぶっているだけで、散々しゃぶったものを「はい」と僕の口に入れて食べさせようとする。

団扇などを手渡そうとしているので「ありがと」と言って受け取ろうとすると、手をぎゅうっと握って放さない。かざしただけなのだ。無理矢理奪い取ると怒って泣く。少し前まではそんなだったため、しゃぶった海苔をくれるようになったのは成長なのだろう。赤ちゃんの食べ残しをよく食べているのだが、しゃぶった海苔は気持ち悪くて食べられなかった。

焼いたイカをお祭りの時に食べさせてみた。固くてすぐに出すかと思ったら、食べた。けっこう大きかったので大丈夫かなと心配していたら、ずっと噛んでいた。ガムのようにずっと噛んでいて、時折イカのはじっこが口から出たり戻ったりして、飲んだと思うとまた口から出てくる。最終的に手で出して僕にくれた。

枝豆も気に入ったようなのだが、豆を口から出して皮をずっと噛んでいる。ボロボロになるまで噛んで飲み込むとよくないので、口に手を突っ込んで出した。散々噛んだボロボロの枝豆の皮もくれることがある。

赤ちゃんには食事の練習で、つかみ食べというのをさせるといいそうだ。ご飯でもうどんでもなんでも手でつかんで食べさせる。その際、周りが汚れてもいいように新聞紙などを敷く。ところが、うちの赤ちゃんはつかみ食べを全然しない。ありとあらゆるものを触りたがるのに、ご飯は触ろうとしない。一体なぜだろう。スプーンを持たせると食器に突っ込んで食べ物をあたりに跳ね飛ばす。

ある時、赤ちゃんが手を激しく振って悲鳴を上げていた。どうしたことかと思ったら、手にご飯が付いていてそれを振り払おうとしていた。どうやらご飯が手にべっとり付くのが気持ち悪いようだ。普段からベトベトした手なのに、ご飯は嫌がった。コップをわざとひっくり返して、テーブルに広がった水や豆乳に手をバチバチついて遊ぶのも好きなのに、ご飯や料理のベトベトは苦手なようだ。

ちょっと前までは器という器を手当たり次第にひっくり返していたのだが、あまりしなくなった。コップは苦手で飲もうとしてひっくり返したり、意図的にひっくり返すことがある。

　哺乳瓶と、ストローボトルと、コップの仕組みの区別がついていないようだ。哺乳瓶は上手に傾けてミルクを飲んでいる。コップはあまり上手でなく、補助しないとすぐにひっくり返す。ストローボトルもコップや哺乳瓶のように上に傾けて、ストローが水面から出てしまって何も飲めない。どうすれば理解させることができるのかわからない。

妻からの手紙

幸いなことに、この後も赤ちゃんとの生活は続いています。直近ではヨチヨチ歩きが上手になってきて、イヤイヤと首を横に振るようになって、イヤイヤ期がはじまっているようです。まだ言葉は話せませんが、いくらか理解ができるようになってきているようです。話すことができるのと理解は同時であるように思っていたので意外でした。

実子の子育てをしていないので違いはわからないのですが、病院で呼ばれる名前に戸惑いを覚えるくらいで、子育ての現場は里子でも実子でもほとんど変わらないように思います。里親による里子の成長観察記録などと言っても特別な違いがそれほどあるわけではなく、拍子抜けしている人もいるでしょうか。

この記録を見ると僕が子育ての大半を担っている印象があるかもしれません。それは僕の主観で、僕の目撃した箇所を記載しているからで、ほとんどは妻の献身でなされています。以前は何か問題があるとすぐに離婚を口にして妻を悲しませていたのですが、赤ちゃんがうちに来てくれてからは一切そんな気持ちになりません。離婚をしたら里親の資格を失ってしまうかもしれないし、赤ちゃんとも離れなくてはなりません。それ以上に愛情深い妻と別れたくありません。

妻が赤ちゃんの1歳の誕生日に書いた手紙を紹介します。

「○○くん、1歳のお誕生日おめでとう!!

無事にこの日を迎えられてとても嬉しいです。いつも元気な笑顔を向けてくれてありがとう。

今朝は7時に起きて、私の髪の毛を引っ張って何本も抜いてましたよ。それから離乳食は朝昼晩の3回、お味噌汁が大好きで柔らかいご飯やそうめんや煮物を食べてます。おやつはヨーグルトやバナナを食べてます。今夜は生まれてはじめてのケーキを食べましたね。1口目は眉間にシワがよっていたけれど、おいしかったようでパクパク食べてくれました。

ミルクは夜だけ、9時、0時、4時の3回、200ミリずつ飲みます。たまにおか

わりします。もう自分で哺乳瓶を持って飲めるようになりました。たくさん成長して
すごいね!!
最近はもっぱらつかまり立ちをしたがり、特にテレビ台でするので、近くで画面を見るから目が悪くなるのではと心配しています。両手を私が持ってあげて立ち上がると、決まって嬉しそうに笑ってくれるのでその笑顔がかわいくてかわいくて仕方ありません。もうすぐ歩けるようになりそうなので、一緒にお出かけするのが楽しみです。この頃、パッパッと息継ぎするような声をあげるのですが、はじめての言葉が『パパ』になるのでは?と私は不安です。できれば『ママ』が先が良いけど、全然関係ない言葉になるのかな?
歩いたり、話したり、できることがこれからたくさん増えるんだなと思うと本当にワクワクします。とても待ち遠しいです。こんな将来への楽しみをくれて、本当にありがとう。◯◯くんのおかげで毎日が輝いています。もう◯◯くんのいない生活は考えられません。1年前の今日、生まれて来てくれてありがとう。毎日元気に生きていてくれてありがとう。うちにいてくれてありがとう。私たち家族全員を幸せにしてくれてありがとう。

○○くんはオムツ替え、着替え、帽子、靴、全部嫌がってなかなかさせてくれないけれど、そんなイヤイヤする姿も実はかわいいなあと見とれています。ごはんの支度をしなきゃって時にかぎって、抱っこ抱っこと泣くからなかなか進まないけど、実はちょっと嬉しいです。ギューっと抱きつかれるのは本当はとても嬉しいです。そんな○○くんとずっとずっと一緒に暮らせたら良いなと心から思っているので、これからもよろしくお願いします。私も長生きしなくちゃと真剣に思うようになりました。○○くんがずっとずーっと健康で幸せで楽しい人生を歩めますように。

○○くんのことが大好きなママ、お母さんより」

ここまでお読みいただきありがとうございました！

里親入門

1 会えない娘

3回しか会ってない娘がいます。最後に会ったのは4歳の時で、もう中学生なので10年くらい前です。こうして会わずにいることで、無関心であると思わせていることが、1分1秒彼女を傷つけ続けています。本当に申し訳ない気持ちです。申し訳ない気持ちと同時に、会って抱きしめて、「本当はずっと会いたいと思っていたんだよ、なんならうちで一緒に暮らそうよ」と伝えたい気持ちでいっぱいです。

だったらなぜそうしないのか、それは相手があることなので語れない事情がありま す。僕自身の問題や、娘の母親について僕が抱いている問題もあります。語れないなら触れなければいいではないか、中途半端な情報を知らされて余計に気になるではないか、という人もいるかもしれません。それは申し訳ありません。僕自身、伏字のような文章が大嫌いですから、自分を安全な場所に置きながら、それとなく示すようなやり方、それならはじめから言わなければいいと常々思っています。今回は僕がそのような文章を書いてしまっています。ちょっとだけ申し上げると、娘本人の生活があります。うかつに会いに行くことで、それをかき乱すことになると、以前占い師に言われ非常に納得しました。きちんと面倒をみることができるわけでなく、中途半端に現れて混乱させて、責任が取れるのか。無理です。他者の生活や内面に対して簡単に責任が取れるものではありません。

生まれたことは知っていたけど、写真を見たことも声を聴いたこともありませんでした。はじめて娘に会った途端、それまでこれでよしと思っていたことがすべてひっくり返るほどの衝撃でした。僕は漫画家なので、結婚に失敗した後は漫画を精一杯描いていけばそれでよしと考えていました。そしてその通りやっていたつもりで、大して売れないながらも本気で描きたいと思える作品だけを描いていました。自分で出せる最大級のものに取り組んでいて、満足していましたが、どこか虚しさもありました。自分でも恵まれていると思っていましたが、果たしてこれでいいのかという思いはぬぐえません。娘とは、養育費を年に一括で払っているだけの関係であり、婚約不履行裁判の弁護士を通じてもたらされる情報の中でのみの存在でした。被告人はつらい立場でした。

2歳の時にはじめて会いました。コミケ会場で自費本を売っているところに子連れのお客さんが現れて、コミケに子どもを連れて来る人もいるのか、「どうぞご覧ください」と自費本を指示していると、隣の席の友だちが「わ!」と娘の母親、僕の元婚約相手の名前を言ってはじめて気づいて、僕も「うわ!」と思わず声を漏らしました。

コミケ会場の外れの人気のない場所で、娘に会ってやってくれと元婚約相手が言いました。2歳の娘は、はじめて会う男に対してとてもニコニコしてくれました。顔立ちが僕が子どもの頃の顔写真にそっくりで、紛れもなく自分の子どもであることが瞬時に理解できました。これが血縁かと自分の芯の部分に響くものがあり、細胞ひとつひとつが震えました。

娘は、ようやく走れるようになったとのことで、よちよちと不安を感じさせる歩みで遠ざかったと思うと、勢いよく走って来て僕の胸にドン! と飛び込んで来て笑います。そんなのを何度も繰り返してくれて、彼女に対する愛おしさと自分の罪深さを強く感じました。かわいい、そして本当に申し訳ない。

情報のみの存在であった娘にきちんとした姿が備わって、あまりに頼りない小さい人間の姿はとてつもない存在感でした。彼女は2歳、まだ話すこともできず、不安定に走ることで精一杯、就職もできなければバイトもできない。自分で料理もできず、大人が手伝ってあげないと何もできない。トイレすらできずオムツ、頼りなさすぎる。体が小さくてニコニコしてかわいいだけです。なんとかしてあげなければならない。生まれてはじめて誰かを守りたいと思った瞬間でした。

僕は女性に対しても成人しているなら自分のことは自分で好きにやればいいとしか思えない。それは大学時代にフェミニズム思想の極端なものに影響されてしまい、今もその考えと現実とのギャップに悩んでいます。その思想は声の大きい一部の女性のもので、大半の女性には当てはまらないと今では考えています。

それから2回、一緒に動物園に行ったり渋谷を歩いたりしましたが、その後、お金の話し合いで感じが悪くなって、それ以降一度も会わないまま現在に至ります。例えば、自分が末期がんであったら、即連絡して会わせてもらうと思います。こんなのも言い訳ですが、きっかけが何かあれば、何かが背中を押してくれればと常々考えています。

……というのも嘘です。きっかけなんか小学校の入学でも卒業でも誕生日でもなんでもよかった。自分で作ってこなかった。占いを拠り所に向き合うことから逃げていなます。現在も逃げ続けています。ただ、険悪な雰囲気になる可能性が高いとわかっているる相手に連絡する勇気が持てないだけです。娘にそんな姿を見せたくないというのもありますが、それも言い訳です。

ただ、誰かを守りたい、人を愛したいという気持ちが宙づりになってしまいました。それには手っ取り早いのが自分で子どもを作ることです。現在の妻とはその当時すでに交際していて、そんな話をすると、子どもを作って出来婚《できこん》しようという話になりました。僕の子どもを産んでもいい、産みたいとすら言ってくれました。

漫画を好き放題に描いていても埋まらない欠落はこれだったと確信しました。いい年の大人の男が自分のやりたいことだけを精いっぱいしているというのもみっともないことだ、自分以外の他者に尽くしてこそ人生ではないかとすら思うようになりました。また、厄年を過ぎるとぐっと体力や気力が激減し、自分本位の生き方すらしんどくなっています。それまでは自分さえよければいいと思っていた、その自分が満足いかなくなっています。自分の満足では自分が満足しきれない。自分のキャパシティがビールジョッキだったとすると、湯呑くらいになっているような、そのこぼれた分を他者に注ぎたいというような気持ちです。それを子どもに期待していました。自分の代わりに自分の分も頑張ってほしいし、幸福になって欲しい、いろいろなことに感動して欲しい。そんな気持ちです。人生の前半は自分のためにやり尽しました。しょぼくなった後半を他者に期待するというのも都合がいい話ですが、後半は自分以外の誰かのために生きたいと思っています。どっちにしても自分本位の利己的な「誰かのため」なので、決してほめられた話ではありません。

余談ですが、僕の部屋には固定電話を弾いています。しかしかかってくるのはネット業者や先物取引などの営業ばかりで、ほぼ使っていません。昼間寝ているとそんな電話で起こされて腹が立ちます。変に愛想のいい対応をするとむしろカモだと思われて、営業の電話がひっきりなしにかかってくるようになります。カモリストを業者は共有していて、そこに入れられたらたまったものではないので、非常に冷たい対応をしなければならず、お互い気分を害します。本当は解約してしまえばいいのですが、時々受話器をとっても何も話さない通話があります。そんな無言電話に、それが娘からの電話のような気がして「どうしたの？　何か用なの？」と猫なで声で話します。しばらくすると何も言わないまま切れてしまいます。そんなことが数回あっただけなのですが、電話を解約することができず、安くない料金を払い続けています。

2 不妊治療

入籍

結婚の失敗で、親戚や近所の人を避けるような生活をしていました。夕方の店番だけは毎日やっていたものの、自室にこもって漫画を描く生活で、外出は深夜のみでした。僕は地方在住で、当時交際していた彼女は東京で仕事をしていて遠距離恋愛でした。その距離感がありがたかったです。

結婚には、人権侵害が結婚の名目の元で許されている、人権侵害の温床、そんな負のイメージが大きく、結婚にはまったくメリットを抱けずにおりました。男女の関係で恋愛以上に何が必要なのでしょうか。ありました。子どもです。さすがに子どもがいたら結婚していないと子どもが変に思います。ごくまれに社会制度に反旗を翻して、結婚せずに子育てをする人もいますが、僕はそれほど強いこだわりがあるほうではなく、割と物事を雑に考えているので、子どもがいたら結婚はしたほうがいいと思います。

だからこそ、できちゃった婚をしようと思って、彼女と避妊をせず子作りをしていました。するとすぐに妊娠しました。いきなり妊娠して、大きな漫画の連載の途中だったので狼狽しました。でも、できてしまったらしょうがない、覚悟を決めるしかないと思っていた矢先、流産してしまいました。少し安堵したのですが、彼女はすごく悲しんでいました。

すると彼女のほうが子作りに熱心になって、不妊治療を希望し、入籍することにしました。入籍していないと現行の制度では不妊治療を受けづらいのです。子どもがいないのに結婚をすることが嫌で嫌でしかたがなかったのですが、流産させてしまった負い目があり、子どもは喉から手が出るほどほしかったので、2008年に入籍しました。籍を入れた後も、妻は東京在住で、僕は地方での別居婚でした。妻は東京で仕事を続けていましたが、僕と同郷です。

タイミング法

不妊治療のクリニックで、先生が排卵日を予想してくれてその日の前後に子作りのセックスをする方法です。妻とは10年近い交際があり、僕は40に近い年齢であったため精神と肉体の負担が大きく、出会った当初、本当に妻に対して欲情していた時に後先考えず避妊なんかしなければよかったと後悔しました。セックスはしたい、子どもは欲しくない、そんないいとこ取りをしようとした罰を受けているような気分になります。

知人がこの方法ですぐ妊娠して出産していて、僕らもすぐに授かるだろうと軽く考えていました。ところが一向に妊娠しなかったので、他の治療も並行して行うことにしました。

人工授精

成功率8％くらいの治療で、排卵日に排卵誘発剤を使用して、精子をスポイトで直接子宮の近くに注ぎ込む方法です。料金が1〜3万円くらいで、それほど高くありません。

しかし、本来毎月ひとつずつ排卵される卵子を誘発剤で大量に排卵し、それほど成功率が高くないので、失敗した場合のデメリットが大きいと今では思います。卵子には数に限りがあり、この治療を8回もしてしまったことを妻も僕も今では非常に後悔しています。

妻の仕事場の近くのクリニックで何の説明もなく、高刺激治療（排卵誘発剤の使用）がはじまって、その時は低刺激や自然派の治療があることを妻は知りませんでした。これから不妊治療をはじめようという人には、「やらないほうがいい」と話すことにしています。

体外受精

卵子と精子を試験管で受精卵にして、子宮に戻す方法です。昔は試験管ベビーなんて言葉もありました。成功率はほぼ30%で、料金は30万円前後と、非常に高額です。妻がブックオフでみつけた世界一の不妊治療クリニックの本に心酔し、僕の地元で同居しはじめた後も、上京してそのクリニックに通うようになりました。そのクリニックは排卵誘発剤の使用に批判的で、なるべく自然な形での不妊治療を目指していました。

すると、1回目の体外受精で着床し、妊娠することができました。しかし、すぐに流産してしまいました。不妊治療において流産は珍しいことではありません。着床までの成功率が30%でも、無事に出産するまでは大体10%くらいに数字は落ちてしまいます。

顕微《けんび》授精

体外受精の発展型で、現状の一般的な不妊治療ではハイエンドの治療法だと思います。普通の体外受精より5万円ほど料金が上乗せされます。顕微鏡で見ながら元気な精子を選んで、卵子に直接針でさしこんで受精卵を作ります。それを子宮に戻して着床させます。

最初の体外受精が着床までできたので、本来顕微授精に取り組むべき年齢だったのに、普通の体外受精を何度か繰り返しては失敗して、出遅れてしまいました。

時は刻々と過ぎゆき、砂が手のひらからこぼれるようにチャンスは失われていきます。女性の年齢では30を過ぎると途端に妊娠の数字が落ちます。35歳と越えるともうできるかできないか半々くらいに考えたほうがいいとすら思います。男性の精子も40以上は期待しづらいです。体外受精と顕微授精を合わせて10回しました。不妊治療をはじめて6年が経過し、600万円ものお金が失われていました。上京しての治療だったので交通費も含まれています。中野にアパートを仕事用に借りていて、風呂なしトイレ共同4畳半の貧しいアパートで、何もない部屋なのに、不妊治療の薬を冷蔵するために冷蔵庫を買って結局1回しか使わなかったこともありました。ただ1回、精子を取るためだけに新幹線で上京してクリニックに行って射精して新幹線で帰宅したこともありました。その一件を考えるたびに、石田純一が恋人に謝るためだけにハワイに行って、すぐ飛行機で日本に戻ったことを思い出します。

そうして、失われた時間とお金に愕然として不妊治療は中止しました。無駄に時間とお金が費やされ、子どもがないままの入籍が残りました。欲しいものを何も手にすることができていないままどんどん加齢していきます。卵子の老化が問題になっていますが、精子も老化することが最近指摘されています。不妊治療にはいい思い出が皆無で、すべてが徒労であったとしか思えません。女性は特に体への負担が大きく、妻もそのために仕事を辞めました。

欲しがれば欲しがるほど手に入らないものが子ども、いらない時、欲しがっていない時にできるのが子ども、そんな印象があります。妻は不妊治療のために子宝にご利益がある神社に通ったり、奇祭に足を運んで巨大な男性器のような形の神輿に乗って、その撮影された動画がyoutubeに投稿されたりしていました。鍼灸《しんきゅう》治療にも熱心に通いました。保険適用外であるため非常に高額でした。

欲しがるほどできないのが子どもだと僕は考えていたので、子宝祈願など嫌だったのですが、伊勢神宮に家族で旅行した時は、日本一の神社、最大級のパワースポットならとつい期待しました。しかし、なんのご利益もなく直後の不妊治療は失敗し、伊勢神宮でダメならもう神頼みは意味がないとしか思えませんでした。

不妊治療という西洋医学、鍼灸など東洋医学、伊勢神宮や奇祭などのオカルト、ありとあらゆる手を尽くしたにもかかわらず、着床2回、流産2回という結果でした。

元婚約者との婚約不履行裁判の直前、子どもがお腹にいると言われ、僕は中絶を希望しました。しかし、彼女は頑として出産を譲らず、承諾しました。結果的に素晴らしい子どもを、僕の子どもでもあるその子を産んでくれました。ただその会話の時に彼女は「他に子ども作らんといてな」と僕に言いました。いったいなぜそのような、結婚せずに別れる相手の未来を束縛するようなことを言うのだろう、自分の子どもを持つ、持たないなんて人生の重大事に対してなぜ簡単に要求するのだろう、そういうタイプだから結婚が無理なのではないかと思いましたが、怒りっぽい彼女を刺激しないように「うん、わかった」と答えてしまいました。それが呪いの言葉として残っています。そんな言葉は無視して不妊治療に励んだのですが、元婚約者の希望通りの結果でした。

元婚約者は、時折そのような無茶な要求をしていました。また、プレゼントの額で自分がどれほど想われているのか測るということも話していて、高額なプレゼントを欲しがって困惑しました。「自分への想いを測る」というようなことは気にしたことがないので文化の違いを感じました。しかし、里親研修の講義で習った「試し行動」でその不思議な要求に思い当たるふしがありました。

元婚約者もつらい人生を送っていて、実の両親がそろっていないなどの問題がありました。幼年期に両親からの愛情を満足に受けずに育つと「愛着障害」という心の病を抱える場合があります。そんな子が里親の元で生活すると大変なわがままを言って親を困らせます。食事中にみそ汁を必ずひっくり返す、腕や足に噛みつくなどの行動で、里親に自分の要求がどこまで受け入れてもらえるのか測るそうです。そうして過度な要求を受け入れてもらい、満足すると安心して、心から親として認めます。「親試し」とも言われています。相当な忍耐が必要な試練です。まだ見ぬ里子に対して恐ろしいイメージが付きまといました。親からの愛情が不足して育ってしまったため、彼女は恋愛でパートナーに対して自分がどれほど愛情を注いでもらえるのか試してしまう、満足のいく水準の愛情を測れないと安心できないのではないでしょうか。

大学生で童貞期にフェミニズム洗脳を受けた僕は、男女は対等であると考えており、そのような要求は受け入れられませんでした。子どもの時に寂しい思いをしたのは気の毒に思うけれども、俺は親でも保護者でもありません。子どもなら頑張ろうと思うけど、一人前の大人として、もっとしっかりして欲しいです。人間ひとりひとり自分のことで精いっぱい頑張っているんだから、自分の問題は自分で頑張って処理して欲しいです。高額商品は他人に要求せず自分でお金をためて買うべきです。しかし世の中には包容力の大きな男性もおり、そのような要求に応えることに喜びを感じる人もいます。彼女の相手として僕は不適任でした。

余談ですが、妻にそんな話をしたところ、多かれ少なかれ女は男に対して試し行動をしていると語りました。僕はそれに対してまったく意に介さないため、妻は何をしても無駄だと判断し、虚しくなってやめたそうです。

最近は、不妊治療をするなら1年とか100万円とか枠を決めてするようにすすめています。また、里親研修を同時に受けるのもいいと思います。

3　里親入門

里親への思い

不妊治療の終わりのほうでは、子どもが欲しくて欲しくて喉から手が出そうなほどで、もはや自分の子どもじゃなくてもなんでもいい、どんな悪い子でもいいからとにかく1秒でも早く子どもに愛情を注いで暮らしたいと、せっぱつまった気持ちでいました。テレビで里親や養子縁組の特集があれば欠かさず見ていました。するとどうやら里親にも年齢制限があるらしいと知り、焦りは極限に達しました。不妊治療で女性の卵子には数に限りがあり、年齢も若ければ若いほどいい。精子にも老化がある。高齢の不妊治療で、一部成功例があり、それを真に受ける風潮がありますが、30代後半の不妊治療はかなり厳しく、成功例以上に諦めて子どものいない人生の受け入れを余儀なくされる人が多数いることをもっとアナウンスすべきです。僕は「20代で第一子は作っておくべきだ」と常々人に言うことにしています。

世の中には子どものいない人生を選択する人もいます。僕は80年代バブル期に青年期を過ごし、その時代は個人主義が非常にもてはやされていました。自分の希望を最優先する生き方で、家族の大切さや子育ての魅力など誰も語っておらず、女性の社会進出やフリーターとしての自由な生き方が推奨されていました。今現在、少子化対策で「女性が働きやすい社会」など見当違いなお題目がとなえられています。

それに、少子化対策を何年も何年もやっているのに、不妊治療は保険適用外です。行政から補助は出るのですが、1年で1回分に満たない額です。真面目に対策がされているとはまったく思えません。いい加減にして欲しいです。

話がずれてしまいましたが、僕もすっかりその時代の風を背に受けて自由な個人主義を謳歌し、子どもを持ちたいなど微塵も考えず、誰からも子どもを持つことの素晴らしさを聞くことなく中年期を迎えていました。子どものいない人生を選択する人もいるし、子どもが持ちたくても持てない人がいる、だから子どもを持ったほうがいいなんてあまり言うのはよくないという意見も耳にします。たしかにそういう人にとっては迷惑だとは思いますが、あまりに子どもや子育ての魅力、家族が増えることの喜びなど、そういった情報が少ないのではないでしょうか。一部不利益をこうむる人への配慮で大多数に不利益が生じる、こんにゃくゼリー騒動みたいになっているように思います。とにかく僕のように普通の性交渉による子作りに出遅れて不妊治療に出遅れて里親制度にも出遅れないようにして欲しいです。

里親の登録に年齢制限がある、子どもが成長した時に働けない年齢では赤ちゃんを預けてもらえないなどの情報に触れて焦りました。親が退職する年齢になる前に子どもが18歳を迎えられるように計算して預けているようでした。登録に年齢制限があるのは、民間の養子斡旋《あっせん》業者のウェブサイトで、僕の住んでいる地域の里親登録にはそのような項目はありません。地域によって違いがあります。ただ、登録に年齢の条件がないからと言って、70歳のおじいさんに新生児は預けてもらえないと思います。僕の住んでいる市では半年に一度のペースで児童相談所で里親の募集をしています。

里子を預かりたいと妻に相談すると、妻は自分で子どもを産みたいとあまり乗り気ではありませんでした。その時はまだ、不妊治療を継続中でした。しかし、不妊治療は妻の意見をほぼすべて受け入れてきたので、今度は僕の希望につきあって欲しいと頼みました。この時点ではまだ養子と里親の区別もついていませんでした。

僕がよそ様の子どもを育てたいと思ったきっかけがあります。友人の男性が、まったくの他人の男の子をわが子も同然に、しかもシングルファーザーで育てていたのです。その仲のよさが本当に素晴らしくて、他人同士でも家族になれるのだと実感しました。元々は、交際していた女性が連れてきた子で、3人で暮らしているうちに彼女が帰って来なくなり、男の子とふたりだけになってしまったそうです。2歳から父親同然に面倒を見ていて、僕が会ったのは5歳の時で、その時は完全にお父さんだと信じて疑わず仲良くしていました。お父さんが体をくすぐると転げ回ってよく笑う楽しい男の子でした。

僕はその時、婚約不履行の裁判中で被告人で、娘ともまだ会っていなかったため、立派だと思いながらも素晴らしさを理解できずにいました。「他人の子どもを育てるなんて物好きだな」などとも思っていました。理解できないどころか、元婚約者に対して中絶を希望していました。今では中絶に反対の意見を持っています。キリスト教原理主義みたいに、どんな不幸せな妊娠でも中絶しないで欲しいと考えています。生まれたら僕の家に預けてくださってもいいし、里親を希望していながらも子どもを待ちわびている人がたくさんいます。ぜひ中絶せずに出産して欲しいです。出産直後に里親にひき渡す場面をテレビで観てすごくうらやましかったです。

友人の子育ての素晴らしさに気づいたのは娘に会ってからでした。娘と一回会ってから、よその子も愛おしく思えるようになってしまい、自分は子どもをほったらかしているクズなのに、友人は他人の子どもをわが子も同然に育てている。とんでもなく素晴らしいことだと思いました。友人の生活ぶりが急に輝かしく、まばゆく見えました。

そんな友人の素敵な生活を念頭に置いて、児童相談所に話を聞きに行きました。里親制度はあくまで子ども中心の制度であり、希望する親の都合で子どもを選ぶことはできない、子どもにとって条件のいい親を行政が選ぶとのことでした。男の子や女の子も選べず、赤ちゃんがいいというようなことも選べません。できれば小さい子がよかったですが、それでもなんでもいいと思いました。里親になるには研修を受けて市の里親認定を受けなくてはなりません。2月に相談に行ったのに、研修の開始は5月で、なんで毎月やらないのだと、焦っていた僕はイライラしました。

テレビで観た里親の特集で、里親の前に大きく立ちはだかる試練として「親試し」

が取り上げられていました。その番組では、里親に引き取られた子どもが親に対してわがままの限りを尽くし、親の愛情がどれほどのものなのか試します。その試し行動がはじまったら1年間何をされてもすべて受け入れなくてはならないそうです。強靭な忍耐力が問われます。我々のようにフニャフニャな気ままに生きている夫婦の覚悟では務まるような気がまったくしません。でもそうなったらやるしかない。

里親研修

研修がはじまり、ほぼ毎月1回ずつ座学があり、妻と一緒に受講しました。半日、講義やビデオを見たりしました。全部で7組くらいで、夫婦のどちらかが来ている場合が多く、夫婦ともども出席している人は僕らと、あと1組か2組でした。不妊治療の果てに申し込んでいる人もいれば、中学生に週末に料理を教えたいというおばあさんもいました。「里親」「親戚里親」「ホームグループ」「専門里親」など里親にもいろいろあることがわかりました。里子の試し行動についても習いました。

一緒に研修を受けていた人の中では養子縁組を希望する人もいましたが、条件をつけるとそれだけ子どもが来るのが遅くなりそうなので、里子でも養子でも、どちらでもいいと希望しました。

里子はあくまで、親権が実親にあり、苗字も実親のものです。里親には親権はなく、養育権があります。養育権は行政が認定します。養子はわが子として家庭に迎え入れ、親権がその養育者に移行し、苗字も養育者と同じになります。里親は行政から養育費をもらえます。これがけっこうな額で、普通のフリーターくらいもらえます。養子は実子と同じ扱いなので、普通の児童手当くらいしかもらえません。要するに里子はよその子を預かっているだけで、返してくれと言われたら返さないといけなくて、養子は完全に戸籍に入る家族です。

施設研修

7月で研修は一通り終わり、養子希望の人は座学で終わりで、里親を希望している人は8月に児童養護施設での研修がありました。そこで我々夫婦は、施設で生活している小学校低学年の5人の子どもと2日間過ごしました。親元を離れて暮らす子どもたちです。男の子3人、女の子ふたりで、障害のある子もいました。みんなとても人懐っこい子たちで、「おじさんは絵が上手なんだよ」と言うと、ひっきりなしでポケモンを描け、仮面ライダーを描け、アンパンマンを描けと注文が殺到しました。描いてあげるとすごく嬉しそうにしてくれました。こんなわけのわからない見ず知らずのおじさん、おばさんに対していったいなぜそんなに明るく楽しく接してくれるのかと感激しました。足や腕や背中にまとわりついてくれるのも嬉しくて泣きそうでした。どの子も本当に可愛らしくて、すぐにでも連れて帰りたかった。担当の職員さんに「どの子の親御さんもきっと断腸の思いでこの施設に預けていらっしゃるんですよね」と言うと、職員さんは事情を話してくださって、世の中には子どもをそれほど大事に思っていない親もいるそうでした。

施設での暮らしは非常に手厚く、しつけも素晴らしく行き届いています。テレビを観ていても完全時間厳守で、時間が来ると番組の途中でも切られてしまいます。それに対して、もう慣れているのか文句を言う子どもはひとりもいません。遊びの時間の終わりも、もっと遊びたいと駄々をこねる子どもはいない。我々夫婦のほうがよほどだらしない生活をしています。ただ、小学生低学年なのに、あまりにきちんとしすぎていて切なくなりました。施設であり、団体行動である以上、きちんとしてないと運営に支障が生じます。社会に出た時にも生活がだらしないと本人が困ります。それに手厚い保護の元に生活していると言っても、やはり施設は施設で、教室のような部屋で寝起きしているのも切なかったです。

漠然と、三つ子の魂百までという言葉があるくらいで、預かるなら2歳くらいまでの幼児がいいと希望していたのですが、小学校低学年もいいなと思いました。特にこの研修で仲良くなった子ならすごくいい。友だちの子どもでも、親戚の子どもでも不愛想にされると好きになれないけど、なついてくれるとそれだけで大好きになってしまいます。

すっかりその施設の子どもが大好きになってしまい、なんとか会いにいけないものかとクリスマスにケーキのプレゼントを申し出ました。連絡が遅かったため、ケーキはその時期は間に合っているから節分にして欲しいとの事で翌年2月に会いに行くことができました。玄関で挨拶しただけだったけど、明るさや元気はそのままで、すっかり大人っぽく、頼もしくなっていました。

妻の施設研修

妻は女の子ふたりの部屋で一緒に遊びました。

「私はふたりの女の子と、はじめに色鬼ごっこをして『赤』と言われて赤を指しても『その赤はダメ！』と意地悪を言われました。でも『じゃあこの赤は？ この赤は？』とへこたれずにやっていたら子どもが根負けして『いーよー』と言いました。

その後、鬼ごっこで私が鬼でナマハゲをイメージして『悪いごいねが〜』と言ってみたり、『ここに入っている間は捕まらないもん』という謎の独自ルールに対して『フフフ、そんなものが通用すると思ったら大間違い』と低い声で悪役に徹したら大うけして一気に人気者になりました。食事の時間になり、隣の部屋に移動する時には両手をふたりの女の子とつなぎ、左右それぞれの入り口から入ろうとして手を引っ張って、真ん中の壁に胴体が押し付けられました。

その後も、『抱っこして』とまとわりついて、これで遊ぼうと次々おもちゃを出したり、短時間でとてもなついてくれました。夜、寝る時、『背中トントンして』と寂しそうな声で言われた時は胸が締め付けられる思いでした。

楽しく遊んであっという間の2日間でした。別室でレポートを書いて『さよなら』を言いに部屋に向かうと、女の子が廊下をうろうろしていて、自分たちを見つけると『もう帰ったかと思った』と言いました。さよならの挨拶をすると女の子が『またね、あ、またねじゃなかった』と言ったのが寂しかったです。研修の注意事項で、次の約束や外で会うことなどは禁止されています。子どもたちにもそのような注意があるのでしょうか。人が入れ替わり立ち替わりという環境に慣れているのも切なかったです。

帰りの車まで見送りに来てくれました。駐車場は離れていて、すぐ脇にジャングルジムがあり、『ここに登ったら遠くまで見える』と登って手を振ってくれました。もう胸が苦しかったです。こんな子どもたちが家族を知らず育つのは本当に切ない。さまざまな事情で手放すのは仕方がないかもしれないが、一時的に預けるなら施設、引き取る気がないのであれば里子や養子に出して欲しいです。施設は職員さんが愛情深く子どもたちを育てていて、想像していた暗さはなかった。でも子どもたちにはできれば、家庭で育ってほしい。施設で大人になるのは切なすぎます」

自宅調査

研修を一通り終えると、自宅の調査があります。その家が子どもを預かるのに適しているのか、その家の間取りの図面を提出し、実際に職員さんが来訪して自宅の様子を実地調査します。家中を見ていただくので、かつてないほどの大掃除をしました。

家の造りだけでなく、我が家の資産、僕の前年の所得、家族全員それぞれの履歴書を提出します。前年は医療費が100万円以上かかっており、その内訳の質問を受けました。「不妊治療です」と答えると少々気まずい空気になりました。

あまり所得が低いと、養育費目的を疑われるのかもしれないと思いました。漫画は所得が不安定で、200万円を割り込む年もあるのですが、前年は長編漫画の連載中だったためキャリアの中でもけっこう高いほうでした。

フリーの仕事なので、警察の厄介になるような事件を起こしたとしても別にどうってことないと考えていましたが、この時はそれほど悪事を働くことなく過ごせてきたことに胸をなでおろしました。

4 NICU

研修を一通り終えて、認定を待つまでになっていました。執行猶予中や禁治産者以外はほぼ認定はしてもらえる規定だったので、不安はありませんでした。そんなある日、児童相談所からの電話がありました。男の赤ちゃんが病院にいて、我々に里親として預かって欲しいとのことでした。

里親には守秘義務があります。里子の個人が特定できるような情報や、里子の出自についてなどは公表してはなりません。また、ブログやSNSなどで里子の顔が映った写真なども掲載してはならないことになっています。ですので、ここでも何か月の赤ちゃんであったのか、どのような事情で病院から僕ら夫婦が預かることになったのか詳細は記述することができません。

その赤ちゃんは予定日より相当早く生まれてしまい、新生児特定集中治療室（NICU）に生まれてからずっといました。しかし、その頃にはすっかり健康でいつでも退院できるとのことでした。

急な話に戸惑いました。2、3歳の子どもを預かって心のケアを頑張らなければならないと勝手に想定していたのに、0歳の乳児は心より体のケアに取り組まなければなりません。赤ちゃんなんてうっかりしていたらすぐに死んでしまう。木曜日に電話をいただいて、週明け月曜日に返事をすることになりました。

妻はNICUという言葉にすっかり狼狽《うろた》え、なんらかの障害があった場合育てられるかわからないと不安に駆られていました。僕はもう自分では自分がもたないと切羽詰まっていたので、障害があってもかまわない、あったとしてもいてくれるだけでありがたいし、全力で面倒見るしかないと話し合いました。妻は一晩じっくり考えて、こんなに早く赤ちゃんを預かることができる幸運を逃す手はない、断ることはあり得ない、運命の流れに従おうという結論に達し、月曜日を待たず翌日金曜日に「預からせてください」と連絡しました。

僕は自分で物事を選択することはあまりありません。目の前に提示された条件に従ってその中で力を尽くすようにしています。特にここ数年いただいた仕事はほぼ断っておりません。よほど日程がきつかったら受けられないことがありますが、ここ最近はお金もどんな安値でもやるようにしています。元々遊びみたいな仕事なのでやらせていただけるだけでありがたい。仕事だけでなく、アパート選びや人付き合い、車の購入なども運命の流れに従い、なるべくイエスマンであろうと考えています。なのでこの場合も断るという選択肢はほぼ0%でした。今後も最大4人まで子どもを預かることができるので、どんな条件でも受けるつもりです。

火曜日に妻と病院に行きました。季節外れの大変な雪の日でした。NICUに入る前に、婦長さんから説明を受けました。大変元気な赤ちゃんで、健康にはまったく問題がなく今のところ障害は何もないとのことでした。今後3歳くらいになるまで、障害はあったとしても現時点ではわからない。

NICUにはビニールの割烹着《かっぽうぎ》のようなエプロンを着て、帽子を被り、入念な手洗いをして入ります。赤ちゃんの小さいプラスチックのベッドがコの字型に並んでいます。面会時間の午後1時になると赤ちゃんのお母さん方がやってきて赤ちゃんを抱き上げてミルクをあげたりしています。僕らが入った部屋は重篤《じゅうとく》な赤ちゃんが管理されている部屋ではなく、退院が決まった赤ちゃんの部屋で、ベッドはカプセル状のものではなく、天井がないものでした。僕らが預かる赤ちゃんは、体も他の赤ちゃんに比べて大きかった。鼻がぺちゃんこで上向きのかわいい男の子が小さいベッドで寝ていました。

看護師のMさんがお母さん同然に育てていらして、そのMさんは顔もやさしいお顔立ちで、声も高くてやさしくて可愛らしい方で、赤ちゃんが安心しきっていました。妻は声が低いので心配していました。

ミルクを飲ませるために寝ている赤ちゃんを抱きあげると目を覚まして大声で泣きました。妻が赤ちゃんを抱っこして人肌の温度のミルクの入った哺乳瓶を口にくわえさせると、それまで泣いていたのが嘘のように止んで「ズバッズバッ」と力強い音を鳴らしてミルクを飲みます。大変ながっつきようで、集中力と生命力と躍動感を感じさせる飲み方でした。小さな体に未来に向かうエネルギーが詰まっている感じがしました。

ミルクの後、初対面なのに安心しきって抱っこのまま眠ってくれました。小さくて暖かい湯たんぽのようで、緊張も次第にほぐれ、なんとも幸せな気分でいっぱいで、抱っこしているうちに妻もウトウトしました。

Mさんの指導で赤ちゃんの抱っこ、服の着替え、ミルクのあげ方、哺乳瓶の消毒、沐浴《もくよく》、オムツ替えなど一通りのやり方を習いました。眉毛を切るようなハサミによる爪の切り方も教わりました。眠っている間に起こさないように素早く切ります。他の看護師さんも通りがかる度に、その赤ちゃんに名前を呼んで話しかけていました。長くNICUにいるのですっかり馴染《なじ》んでいる様子でした。

興奮のまま火曜日が終わりました。その日は季節外れの大雪でこれからの雲行きを不安にさせる天気でした。病院に向かう道中は雪で視界が危ういほどだったのですが、病院に到着すると、太陽が雲からのぞいていました。帰り道は胸がいっぱいで、立ち寄ったセカンドストリートで早速中古のチャイルドシートを買いました。我々はもうすぐ親になれるのかもしれない。近所の赤ちゃん本舗《ほんぽ》でも赤ちゃんの服を買いました。

妻は火曜日から1週間毎日病院に通って、赤ちゃんの世話に慣れる練習をしました。僕は仕事があるので1日おきに通いました。うんちが出ない時はお尻に油を塗った綿棒を入れてグリグリします。その練習をしていると、レーザー砲のように一直線のうんちが飛び出し、手にかかりました。ミルクしか飲んでいないので甘い匂いのゆるいうんちでした。あまりのことにびっくりして笑いました。沐浴は部屋の一角の大きめの流しのようなお風呂でやりました。服を脱がせて首を支えてお湯につけます。赤ちゃん用のセッケンで、手で全身を洗ってタオルを使って泡を流します。すべてがデリケートで、お着替えも変に手を曲げて骨が折れたら大変だと緊張しました。

赤ちゃん本舗で買った青とグレーの横縞の服を着させると、Mさんがそれを見て泣いていました。他の赤ちゃんはお母さんが可愛い服を着させているのに、その赤ちゃんはずっと病院服だけで、そのことに胸を痛めていたそうでした。

妻は、最後の3日間入院して、赤ちゃんとずっと一緒に過ごしました。病室をひとつ空けてもらって、そこで寝泊りしました。料金は請求されず、病院側の配慮で空けてくださったようでした。それほど赤ちゃんのことを大切に考えていたようです。僕は初日と3日目に行きました。NICUから病室に引っ越す際、赤ちゃんを見送るために、看護師さんや先生がみんな出て来てくださって、赤ちゃんのベッドにはMさんが作った寄せ書きの色紙が飾ってありました。赤ちゃんが沐浴で泣いている様子が連続写真で貼ってあって、すごくかわいがってもらっていることが伝わりました。

入院初日、妻は一晩中、立って縦に抱っこしていたそうです。座ったりベッドに置くと泣き出してしまい、腕が痛くて夜が明けると僕に抱っこひもを買っておくように頼みました。

入浴は、NICUの沐浴用の水場ではなく、はじめてシャワーと浴槽で、大泣きしてしまい焦ったとのことでした。ヘトヘトだったけど、NICUや小児病棟の看護師さんが代わる代わる様子を見に来てくれていました。本当にありがたい病院でした。

緊張で夜あまり眠れなかったけど、3日目に無事研修を終えていよいよ赤ちゃんを自宅に連れ帰ることになりました。

病室からNICUに挨拶に行くと、看護師さんや先生が2重の自動ドアから全員出てきて見送ってくださいました。予定以上に長期間NICUにとどまっていたため、皆さんが心配していたようでした。特にMさんはその日が休みだったのにわざわざ見送りに出勤していました。そんな皆様の大切な思いを僕と妻は受け継がなければなりません。

5　赤ちゃんとの生活

子どもができないからと言ってよそ様の子どもを預かるなんて、犬や猫じゃない、そんな簡単なものじゃないという批判や、「もらいっ子」などという陰口があるといいます。血縁のない親子で暮らすことは、あまり大きな声でいうことはできない、日蔭の存在なのかもしれないと考えていました。

僕の母は当初、里親になることに苦々しい表情をして、毎日だらしのない生活していて親になんかなれるわけがないと非常に批判的でした。赤ちゃんを自宅に連れ帰ると、うちで間貸ししている市議会議員の事務所で働いているおばさんが、お姉さんを呼んで待っていました。「私がいちばん最初に抱いた」とすごく嬉しそうに赤ちゃんを抱いて写真を撮りました。姉妹でかわるがわる抱っこしていました。

自宅に戻ると母もすごく嬉しそうにわれ先に抱っこして、店の女性従業員も抱っこして、工場に連れて挨拶に行くと、お菓子職人さんもニコニコして抱っこして、みんなそれぞれ写真を撮りました。その時の写真が今も工場の大きな冷蔵庫のドアに貼ってあります。

赤ちゃんはとてつもない人気者であったことがわかりました。祖母が老人介護施設に入所しています。96歳でかなり認知症が進んでいるのですが、施設に赤ちゃんを連れて行くと、そんな祖母も赤ちゃんの名前は忘れず、いつもより2段階高くて大きな声で話して、おやつを食べさせようとします。祖母の部屋に行く前に食堂を通ると、他のおばあちゃんたちが「赤ちゃんだ！　かわいいねえ〜！」と言って抱っこさせろと希望者が殺到します。スターのようです。

母は茶道教室を主催していて、稽古《けいこ》によく連れて行きます。生徒のおばさんたちは子育ての大先輩なので、とても上手にあやしたり寝かしつけたりしてくれます。お金を払って茶道を習いに来ているのに、見ず知らずの赤ちゃんが空気を乱して大丈夫だろうかと心配です。中には苦々しく思っている人もいるかもしれません。

うちの赤ちゃんの素晴らしいところは人見知りを一切しないところです。こうしてチヤホヤされていても不愛想にしていたら人気がなくなってしまいます。NICUという集団生活で慣れているのか、「この人嫌だ」と誰に抱かれても泣いたことはありません。この調子で誰かのことを嫌いになることなく、大人になって欲しい。雰囲気が苦手なのか、固い表情になる人はいます。でもよその赤ちゃんのように、顔を隠したり泣いたりはまったくないのです。ただ、自分の人気を過信して傲慢になりはしないか、それが心配です。

びっくりしたのが親戚のおばさんで、赤ちゃんをかわいがってくれるだけでなく、よその子どもを預かるなんて本当に素晴らしいと称賛してくださったのです。こっちは本当に切羽詰まって子どもがただ欲しいだけで、自分本位でやっていて、かわいい赤ちゃんが来てくれてラッキーで毎日楽しくてしかたがなくて、こんな幸せがお腹も傷めず何の苦労もなく手に入っていいのだろうかと申し訳ないくらいです。でも大きな声で言っちゃいけないような、どっちかと言えば日蔭の存在であるという後ろ暗さは否めず、それでも充分過ぎるほど幸せで、さらに褒めてもらえてしまうとは。とんでもない罰がそのうち当たりそうで怖いです。

赤ちゃんとの生活は決して楽しいだけではなく、大変な面もあります。夜は4時間おきに起きてミルクをあげなくてはなりません。お腹が空くと赤ちゃんは泣き出し、妻は起こされて眠い目をこすってミルクをあげて、寝かしつけをします。起きてソファーでミルクをあげてまたベッドに戻していました。赤ちゃんは眠りが浅くてミルクを飲んで眠ってもベッドにおいた途端目を覚まして泣き出すなんてことが度々あります。その度に赤ちゃんを抱きかかえて体をゆらして眠らせます。ところがまたベッドに置いた途端泣き出す……。

赤ちゃんは寝返りすらできず自力で動けないので、寝ているのが嫌になると泣き出して抱っこをせがみます。しかも座っての抱っこなんかダメだ、立て立て、歩けと非常にスパルタです。ただ、うちは店を経営していて、そんなに繁盛していないことが幸いして従業員の女の子が面倒をみてくれます。母は70歳を過ぎて、階段の昇り降りがつらい、ポットを持つのも重いと言っていたのに7キロある赤ちゃんを抱っこして歩き回るようになりました。都会ではお母さんがひとりで一日中赤ちゃんの世話をしているという話を聞きます。そういった人たちに比べれば大変恵まれております。

どんな赤ちゃんでも車に乗せれば一発で眠りに落ちるという話をよく聞きます。寝ぎゃんぎゃん泣き叫んでいても車に乗せてしばらく走れば嘘のように寝てしまう。寝かしつけがどうしてもうまくいかない時は車に乗せてしまえばいい。ところが、うちの赤ちゃんは車ではまったく寝ません。そのうち寝るかもしれないと車を走らせていても、どんどん泣き方が激しくなり、喉が割けるのではないかというほど声をからして泣き叫びます。世界の終わりのような泣き方です。諦めて抱っこするより仕方がありません。

また、泣いても放っておけばそのうち泣き疲れて泣き止むとも言いますが、これも当てはまらない。どんどんひどい泣き方になって大地が割けるほどの泣き声になって、こっちが根を上げて抱っこして外に連れ出して近所を一周します。

児童相談所のケアが素晴らしいです。最初は病院の検査や予防接種にもつきそってくださってました。申し訳ないほど手厚く面倒を見てくださっております。保健師さんが定期的に来訪して子育ての疑問には何でも答えてくれます。何から何までとてもお世話になっております。

母の友だちの孫、親戚の子どものお古の服やおもちゃを大量にいただき、自分では何も買わなくてもいいほどでした。

6 里子・里親

里子なので、名前は自分でつけることはできません。苗字も違います。ただ、そのままでは不便なので学校などでは通り名を名乗らせることができます。苗字を僕のものにし、本名と実親さんの文字をつかって、本名と同じ音の名前を使うことにしました。画数を調べたらすごくいい結果でした。

保険証は本名なので、病院では本名で呼ばれます。通り名での呼び出しを頼んでもいいそうです。医療費は中学生まで無料です。

子どもの銀行口座を作る場合は、児童相談所が発行する証明書がないと作ることはできません。口座の名前は本名です。

親権は実親さんにありますが、養育権は我々にあります。実親さんが引き取ることを希望した場合、児童相談所で養育権を渡すかどうか審査があります。実親さんと直接連絡はしないように言われています。実親さんが子どもに会いたがった場合、子どもが実親さんに会いたがった場合は、児童相談所を通して行います。

子どもに「実はあなたはお母さんが産んだ子どもではない」と告げることを真実告知と言います。それは子どもにとって大変なショックなので、物心ついた時からそれとなく伝えることが推奨されています。最初は意味がわからなくても、節目ごとに言い続けることが大切だそうです。先日、1歳になった誕生日に長い間お世話になった病院のNICUを訪ねました。子どもなんて入れ替わり立ち替わり接しているので、もう覚えていないかもしれないし、忙しいので迷惑かもしれないと考えていました。するとすごく歓待してくださいました。毎年の恒例行事にしようと思っています。

僕は、子どものショックをやわらげられるように、あとひとりかふたり、里子を預かりたいと考えています。「君だけじゃないんだよ、あの子も一緒だよ」と言えば、そうか自分だけじゃないのか、といくらか納得してくれるかもしれません。

里親会の集まりが毎月あります。児童相談所の一室に多くて10人くらい集まって、お茶を飲みながら近況報告をします。世代は中高年です。先輩方のリアルな話を聞けて大変勉強になります。思春期の子どもを預かっている人は悩みが尽きないようです。口を聞いてくれない、服装が派手になったなどなど、これまで数限りなく繰り返されてきたであろう悩みや疑問に対して、とても親身に話し合います。決して「それ既出」、「ググれカス」、「過去ログ読め」などとは言いません。ただ、僕らは赤ちゃんが来てくれて楽しいばかりなので、特に悩みらしい悩みはありません。強いて言えば「実親さんが引き取りに来ることが不安」ということくらいです。それについては、そういったケースは過去にあまりないので大丈夫でしょうとのことでした。里親会に集う人たちは元気で明るい人が多く、やさしくて、毎回楽しい気分になります。夫婦で出る必要はないのですが、一緒に出席しています。赤ちゃんも連れておいでと言っていただいてから、赤ちゃんも連れて行っています。児童相談所の職員さんが面倒を見てくれて申し訳ないので、連れて行くのをやめたら、寂しそうにされたのでまた連れて行くことにしました。

将来、養子縁組をしたいと考えています。6歳までに縁組ができれば特別養子縁組という制度で、戸籍に「養子」と記載せずに済みます。同居して半年経過すれば裁判所に養子縁組の申し立てができます。しかし、実親さんが反対してこじれてしまう場合もあります。三つ子の魂百までという言葉がある通り、3歳まで暮らして我々以外にパパママはあり得ないというような状況にしたいです。また、15歳になれば実親さんへの許諾なしに、本人の意思で養子縁組できます。

常に、いつ実親さんが引き取りに来るかわからないという不安がありますが、里親会で心配しなくて大丈夫と言っていただいても、やっぱり100%ないわけではありません。そんな心配から解放されるためにも養子縁組は我々の悲願です。ただ、養子縁組をすると行政から養育費がもらえなくなります。

うちの赤ちゃんがいくら可愛いからといって実子がほしくないわけではありません。実子がいる友人、知人を羨ましく思っていました。

ただ、会えないながらも僕には実子の娘がひとりいます。妻には僕と違って実子がおらず、不妊治療に気が狂うほどのめりこんでいました。僕よりも自分の子どもを強く欲しがっていました。今でもひとりぐらい産みたいという気持ちはゼロではないけど、とんでもなくかわいい赤ちゃんと出会えて心底幸せをかみしめているとのことでした。

夢を見ました。
ほら見て陽性だよ
ドタ
ドタ
え
マジかよ
やったぞー
念願の妻の懐妊でした。
おめでとうございます
コツ
コツ
コツ
ありがとうございます
あのーどちら様ですか?
待望の実子の赤ちゃんですが
お腹の子が産まれたら今の赤ちゃんとは別れなくてはなりませんよ

えっ なんで？
実子も含めて ４人まで養育 できるって 児童相談所で 説明受けましたよ
ダメ です
どっちかひとりしか 選ぶことは できません
うーー うーー
もしかして 児相の人？
なんだって そんなこと
ちがいます
僕の母の地元には 子どもができない夫婦が 親戚などの子どもを預かって 一緒に暮らしていると、 そのうち子どもを 授かるという 言い伝えがありました。
それが 里親になる きっかけの ひとつでした。

さあ
お腹の子と
今の赤ちゃん
どっちに
しますか？
じゃあ
この子に
します
そう
ですか
わかり
ました
まだ見ぬ実子よりも
今の子を選びたい。
そんなことを自分に
言いきかせたくて
こんな夢を見てしまったの
かもしれません。

う——
それでは
シュー
ごきげんよう
お幸せに
ぎゅううううううう
……

あとがき

赤ちゃんの成長は目まぐるしく、ほんの数日で劇的に変化します。うっかりしているると先週のことがわからなくなっているので、その折々を記録しておこうとフェイスブックに成長記録をつけはじめました。守秘義務があるため、友人までの限定公開です。赤ちゃんの名前も表記せず、それほどオープンにはしておりません。それでも心配なので限定公開にしています。児童相談所はとても親切で、何から何まで手厚く面倒を見てくださって、なるべく迷惑をかけたくありません。うちの子はこんなに成長している、こんなに魅力的なのだと語りたくないかと言えば嘘になります。できれば世間のお父さんお母さんのようにブログやツイッターで大々的に発表したいですし、子役スターにしたいくらいの気持ちがあります。

赤ちゃんの成長記録だけでなく、この本では不妊治療や里親制度を通して僕の身の上話をたっぷりとさせていただきました。お読みいただいた方はご承知の通り、自慢できる経歴ではありません。そんな人間が偉そうに里親になどなっていいのでしょうか。

今年の春、『チャッピー』というロボットの映画が公開されました。南アフリカ出身の監督によるSF映画です。人工知能により自我を持つロボットがギャングに育てられるという内容で、この映画の中では刺青だらけで廃墟に暮らし強盗や殺し合いばかりしているチンピラでも、人間以外のロボットであっても親子になることができる様子が描かれていました。僕はこの映画に非常に勇気づけられ、つい2回も観に行って思わず涙がこぼれてしまうほど感動しました。僕はこの映画の登場人物ほどチンピラではなく、普通の家に暮らし納税し、銃も持ちません。そして赤ちゃんはロボットではなく人間です。彼らがあれほど素晴らしい親子になれたのなら、僕にもなれるはずだと思いました。

そう考えるとこれまでも、『八日目の蝉』、『おまえうまそうだな』、『ファイ　悪魔に育てられた少年』、『レッドファミリー』といった里親映画に親しんでおりました。僕は映画好きなので将来子どもと一緒に観たいです。

僕が10年前に描いた漫画『死んだ目をした少年』が今年2月に劇場映画として上映されました。その舞台挨拶で、出演者でいじめられっ子役の福井成明《ふくいしげあき》くんが『レ・ミゼラブル』のテーマをアカペラで歌っていました。『レ・ミゼラブル』の主演はヒュー・ジャックマンで、彼はふたりの養子がおり、里親の先輩です。『レ・ミゼラブル』もジャン・バルジャンがコゼットを引き取ってわが子も同然に育てる話なのですが、なんと福井くん自身も里子だったのです。そんな因果を知っていて歌ったのかと思ったらまったく知らずに歌っていました。太ってはいるけどすごく素直で立派な若者に育っていて、嬉しかったです。うちの子もすくすくと成長して欲しいです。

こうして里親入門などという本を出させていただき、里親面をしていますが、里親の世界では端くれも端くれ、まだ1年生です。それに0歳の赤ちゃんを預からせていただく幸運にも恵まれました。しかし、もっと大きなお子様を預かって大変な苦労をされている里親さんもたくさんいます。僕はまだその苦労を知りません。赤ちゃんから一緒に暮らしていると言っても「真実告知」の試練もあります。ただ、そのような未知の不安はあるのですが、里親研修で先輩里親さんに、「起こっていないことを心配する必要はない、問題は直面してから考えればいい」と言っていただきました。

また、実子に恵まれず里親を志す場合が多くあります。僕は3回しか会ったことがないとは言え、実の娘がこの世界に存在します。妻には実子がいません。妻からは、それがいかに恵まれたことであるか肝に銘じておくように、強く戒《いまし》められております。

最後までお読みいただきありがとうございました。これから里親を志す人に何らかのヒントになれば幸いです。里親制度は本当に素晴らしい制度です。

うちの子になりなよ

ある漫画家の里親入門

2015年12月12日　初版第1刷発行

著者　古泉智浩《こいずみともひろ》

ブックデザイン　鈴木成一デザイン室

DTP　小林寛子

編集　圓尾公佑

発行人　北畠夏影

発行所　株式会社イースト・プレス
東京都千代田区神田神保町2-4-7 久月神田ビル 8F
TEL: 03-5213-4700
FAX: 03-5213-4701
http://www.eastpress.co.jp/

印刷所　中央精版印刷株式会社

ISBN978-4-7816-1379-6